穿越周期 拨云见日
从 2022 年回看生物医药产业

李东旭 李 莉 主编

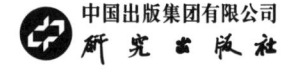

中国出版集团有限公司
研究出版社

图书在版编目（CIP）数据

穿越周期　拨云见日/李东旭，李莉主编.——北京：研究出版社，2023.3

ISBN 978-7-5199-1449-3

Ⅰ.①穿… Ⅱ.①李…②李… Ⅲ.①生物医学工程—产业发展—研究—中国 Ⅳ.① F426.77

中国国家版本馆 CIP 数据核字（2023）第 060681 号

出 品 人：赵卜慧
出版统筹：丁　波
责任编辑：谭晓龙

穿越周期　拨云见日
CHUANYUE ZHOUQI BOYUN JIANRI

李东旭　李　莉　主编

研究出版社 出版发行

（100006　北京市东城区灯市口大街 100 号华腾商务楼）

北京云浩印刷有限责任公司　新华书店经销

2023 年 3 月第 1 版　2023 年 3 月第 1 次印刷

开本：710 毫米 ×1000 毫米　1/16　印张：9.75

字数：136 千字

ISBN 978-7-5199-1449-3　定价：68.00 元

电话（010）64217619　64217652（发行部）

版权所有・侵权必究

凡购买本社图书，如有印制质量问题，我社负责调换。

编 委 会

顾问：毕舜杰　费　凡　殷建国

编委：张　忻　马梓茜　朱亦凡　金陈佩　朱晓晨　任玉芹

目 录
Contents

第一章 新世纪中的生物医药行业

第一节 政策演进 / 1
1. 顶层设计 / 1
2. 底层逻辑 / 4

第二节 市场主体近年发展状况 / 12
1. 中国生物医药产业发展现状 / 12
2. 细分赛道发展状况分析 / 20

第三节 产业园建设 / 30
1. 全国生物医药产业园布局 / 31
2. 典型案例分析 / 40

第四节 资本风向标 / 46
1. 国内一级市场投融资趋势 / 46
2. 国内一级市场投资热点及与同期全球热点比较 / 47
3. A股、港股、中概股IPO趋势 / 50
4. 科创板医药行业IPO特征及第五套标准的适用 / 51
5. 18A生物科技企业IPO特征 / 53

第二章 资本"寒冬"的到来

第一节 先兆、现象 / 56
1. 估值溢价 / 56
2. 企业上市破发 / 57
3. 同质化竞争、靶点扎堆状况分析 / 59

第二节 催化 / 65
1. 不同股市市场表征现象 / 65
2. 深层原因 / 68

第三章 一线声音

第一节 对话交易所 / 71
第二节 企业视角 / 73
第四节 投资人视角 / 74

第四章 海外观察

第一节 欧美等行业发达国家行业周期 / 77
1. 医药行业的周期性的强与弱 / 77
2. 1980—2020年间美国四次生物医药行业周期 / 79
3. 从美国生物医药行业周期中得到的启示 / 86

第二节 开发/投资模式 / 87
1. 海外医药产业园模式浅谈 / 87
2. 海外风险投资/私募股权投资基金特点 / 95
3. 海外新兴创新药开发与投资模式 / 97
4. 海外投资机构优秀案例及启示 / 103

第五章　穿越寒冬

第一节　投资新模式的本土化应用 / 110

1. 海外医药产业园模式的借鉴意义 / 110
2. 海外风险投资/私募股权基金的借鉴意义 / 111

第二节　出海 2.0 / 112

1. 出海原因 / 114
2. 区域选择 / 115
3. 出海方式 / 121
4. 面临挑战 / 123
5. 案例分析 / 127

第三节　资本的视角 / 129

1. 生物医药行业估值的思考 / 132
2. 细分赛道的选择 / 135
3. 后"寒冬"时代的投资新逻辑 / 140

后　记

第一章
新世纪中的生物医药行业

第一节　政策演进

医药行业关乎国计民生，始终在政策之手的呵护中发展与壮大。医药政策无论在顶层设计层面还是底层逻辑层面历经变革，贯穿医药行业发展全过程。在本书开篇，我们从生物医药政策的演进入手，选取过去15年间的与生物创新药有关的政策改革措施，分析其发展脉络。

1. 顶层设计

自2006年国务院提出将生物技术作为科技发展的五个战略重点之一起，生物医药一直与信息技术、新能源、新材料等产业存在于国家战略顶层设计的版图中。我们的分析发现，随着时间的推进，生物医药产业在顶层设计中的定位与内涵也不断深化，具体表现为：

第一阶段（—2006年）：确立科技发展战略地位。《中华人民共和国国民经济和社会发展第十一个五年规划纲要》阐明我国在生物资源和技术上具有的优势，提出培育生物产业的指导方向，随后《国家中长期科学和技术发展规划纲要（2006—2020）》进一步明确了生物技术在国家科技发展中的重点地位。两份文件将生物科技提升到科技战略地位。

第二阶段（2006—2012年）：确立国家发展战略地位。重大疾病防治、关键技术的自主创新和规模化发展在与"十二五"规划相关的多个文件中被确定为生物医药发展主要目标，强调产业整体提升，以新兴产业定义生物医药，并首次将之提升到国家发展战略的高度。

第三阶段（2012—2016年）：引导资源支持，强调聚焦发展。《中国制造2025》提出需对社会各类资源加以引导，形成集聚，推动包括生物医药在内的优势和战略产业快速发展；"十三五"规划鼓励创新药和临床急需品种上市，支持创新产品培育和产业发展壮大。

第四阶段（2016—2022年）：提出生物经济概念，鼓励融合、赋能。"十四五"规划提出推动生物技术和信息技术的融合创新，加快生物技术广泛赋能健康、农业、能源、环保等产业，形成"生物经济"。

表1-1　国家政策顶层设计汇总

时间	发布部门	政策名称	解读	政策原文
2006年	国务院	《中华人民共和国国民经济和社会发展第十一个五年规划纲要》	加快发展高技术产业，培育生物产业	● 发挥我国特有的生物资源优势和技术优势，面向健康、农业、环保、能源和材料等领域的重大需求，重点发展生物医药、生物农业、生物能源、生物制造。实施生物产业专项工程，努力实现生物产业关键技术和重要产品研制的新突破。健全市场准入制度，保护特有生物资源，保障生物安全
2006年	国务院	《国家中长期科学和技术发展规划纲要（2006-2020）》	将生物技术作为科技发展的五个战略重点之一	● 把生物技术作为未来高技术产业迎头赶上的重点，加强生物技术在农业、工业、人口与健康等领域的应用。 ● 具体包括：靶标发现技术、动植物品种与药物分子设计技术、基因操作和蛋白质工程技术、基于干细胞的人体组织工程技术、新一代工业生物技术
2010年	国务院	《关于加快培育和发展战略性新兴产业的决定》	将生物产业列入战略性新兴产业	● 大力发展用于重大疾病防治的生物技术药物、新型疫苗和诊断试剂、化学药物、现代中药等创新药物大品种，提升生物医药产业水平。加快先进医疗设备、医用材料等生物医学工程产品的研发和产业化，促进规模化发展。推进生物制造关键技术开发、示范与应用。加快海洋生物技术及产品的研发和产业化

第一章 新世纪中的生物医药行业

（续表）

时间	发布部门	政策名称	解读	政策原文
2011年	国务院	《国民经济和社会发展第十二个五年规划纲要》	推动重点领域跨越发展，生物产业重点发展生物医药	● 大力发展节能环保、新一代信息技术、生物、高端装备制造、新能源、新材料、新能源汽车等战略性新兴产业。生物产业重点发展生物医药、生物医学工程产品、生物农业、生物制造
2012年	发改委	《"十二五"生物技术发展规划》	生物医药被正式提到国家发展战略的高度	● 十二五目标：生物技术自主创新能力显著提升，生物技术整体水平进入世界先进行列，部分领域达到世界领先水平。生物医药、生物农业、生物制造、生物能源、生物环保等产业快速崛起，生物产业整体布局基本形成，推动生物产业成为国民经济支柱产业之一，使我国成为生物技术强国和生物产业大国
2015年	国务院	《中国制造2025》	将生物医药作为重点突破的发展领域	● 瞄准新一代信息技术、高端装备、新材料、生物医药等战略重点，引导社会各类资源集聚，推动优势和战略产业快速发展。 ● 发展针对重大疾病的化学药、中药、生物技术药物新产品，重点包括新机制和新靶点化学药、抗体药物、抗体偶联药物、全新结构蛋白及多肽药物、新型疫苗、临床优势突出的创新中药及个性化治疗药物
2016年	国务院	《中华人民共和国国民经济和社会发展第十三个五年规划纲要》	再次强调对生物医药等战略性新兴产业的支持	● 加快突破新一代信息通信、新能源、新材料、航空航天、生物医药、智能制造等领域核心技术。 ● 支持新一代信息技术、新能源汽车、生物技术、绿色低碳、高端装备与材料、数字创意等领域的产业发展壮大
2016年	发改委	《"十三五"生物产业发展规划》	重申生物医药产业的战略地位	● 提出了构建生物医药新体系：加速新药创制和产业化，加快发展精准医学新模式，推动医药产业转型升级

（续表）

时间	发布部门	政策名称	解读	政策原文
2016年	国务院	《"十三五"卫生与健康规划》	提出"扩大国家免疫规划"	● 鼓励创新药和临床急需品种上市。在加强行业规范的基础上，推动基因检测、细胞治疗等新技术的发展。引导企业提高创新质量，培育重大产品
2021年	国务院	《中华人民共和国国民经济和社会发展第十四个五年规划和2035年远景目标纲要》	首次提出"生物经济"的概念	● 聚焦量子信息、光子与微纳电子、网络通信、人工智能、生物医药、现代能源系统等重大创新领域组建一批国家实验室，重组国家重点实验室，形成结构合理、运行高效的实验室体系。 ● 推动生物技术和信息技术融合创新，加快发展生物医药、生物育种、生物材料、生物能源等产业，做大做强生物经济
2021年	发改委	《"十四五"生物经济发展规划》	强化国家战略科技力量，攻关基因与生物技术	● 加快生物技术广泛赋能健康、农业、能源、环保等产业，促进生物技术与信息技术深度融合，全面提升生物产业多样化水平，推动生物经济高质量发展

2. 底层逻辑

在执行层面，多个部委及管理部门针对顶层设计的指导方针出台部门法规、规章及其他规范性文件，从研发、注册、生产、流通的各个环节保证生物医药行业的健康有序发展。

研发、注册领域

"药品上市许可持有人制度"于2016年6月出台试点方案，2020年7月全面落实。这一制度的影响深远。该制度将药品注册申请人与生产企业双方从以前的捆绑关系分离，药品注册申请人范围扩大到药品研发机构、药品生产企业、在行政区域内工作企业且具有中国国籍的科研人员。研发、生产、销售等各领域企业之间的相互关系，由此发生巨大变化，资源被更加优化地配置大大激发了药品研发机构、科研人员以及药品生产企业的研发动力和热情，药物研发创新得到极大促进。借此契机，CXO①企业迎来更多商业机会，研发机构获得更好的资本市场前景。

同年，《药品注册管理办法》出台，加强从药品研制上市、上市后管理到药品注册证书注销等各环节全过程、全链条的监管制度，并建立关联审评审批制度，药物临床试验审批实施默示许可制度，对药品变更实行分类管理，科学设置药品注册检验流程，创新药品注册管理方式。

2021年11月出台的《以临床价值为导向的抗肿瘤药物临床研发指导原则》明确提出"新药研发应以为患者提供更优（更有效、更安全或更便利等）的治疗选择作为更高目标"，指出"'对照药'是体现新药临床价值的基础"，"应该关注阳性对照药是否反映和代表了临床实践中目标患者的最佳治疗选择"。这些指向明确的信号有力促进抗肿瘤药科学、有序地开发。

此外，针对干细胞临床、细胞治疗产品和生物技术研究的管理办法或指导原则相继出台，保障行业良性发展。

生产、质量领域

生产方面，2010版GMP围绕产品整个生命周期提出更高要求，并增设了一系列新制度。

2015年的《中华人民共和国药典》在全面增修订药典凡例、通则、总论的基础上，针对各类有害物质、微生物以及相关致病菌增加了控制要求，为药品质量，尤其是中成药质量管控提供了更强有力的保证。

2020版《药品生产监督管理办法》则在坚持属地监管原则的基础上，细化了药监部门在药品生产环节的监管事权，并且针对药品上市许可持有人制度明确了药品全生命周期管理责任，实行药品年度报告和短缺药品报告等。

---

① CXO是对CRO、CMO、CDMO等合同外包服务的统称。其中，CRO是指医药研发合同外包服务机构；CMO是指合同加工外包，主要是指接受委托进行药品工艺和配方研发、临床试验用药、化学或生物合成的原料药生产、中间体制造、制剂生产和包装等定制服务；CDMO指同时具备定制研发能力和生产制造能力的外包服务。

采购、流通领域

2015年，《关于印发推进药品价格改革意见的通知》的发布取消了绝大部分药品政府定价，完善药品采购机制，发挥医保控费作用，药品实际交易价格主要由市场竞争形成。随后，"两票制"的实施减少药品从药厂到医院的流通环节促使已有商业结构和药企对经销商的选择上的大调整，医药产业朝着规范化、现代化和集约化的方向发展。

新成立的国家医保局于2018年11月启动第一批第一轮国家药品集中采购试点工作，即："4+7"药品集采试点，以完善带量采购方法换取更优惠的价格，对于消除医院"二次议价"空间、规范评标专家行为、促进评标过程规范化。

生物医药方面，《生物制品批签发管理办法（2020修订版）》从申请、检验、审核与签发、复审、监督与处罚等方面对生物制品批签发制度做了规定。而2021年出台的《疫苗生产流通管理规定（征求意见稿）》在构建科学、有效的疫苗生产流通监督管理体系，依法对疫苗的生产、流通管理活动进行规范中起到作用。

表1-2 国家底层逻辑规章制度汇总

时间	发布部门	政策名称	主要内容	性质	主题
2007年6月	原国家食品药品监督管理局	《药品注册管理办法》	规范药品注册行为，保证药品的安全、有效和质量可控	部门规章	注册
2011年1月	卫生部	《药品生产质量管理规范（新版GMP）（2010年修订）》	围绕产品整个生命周期，提出了明确的要求，提高了生产条件标准，增设了一系列新的制度，对企业的生产质量提出更高要求	部门规章	生产
2011年5月	原国家食品药品监督管理局	《关于进口生物制品按〈中国药典〉（2010年版）进行生产工艺变更有关事宜的通知》	提高进口生物制品质量，促进和推动进口生物制品企业顺利执行《中国药典》（2010年版）要求	其他规范性文件	生产（生物制品）
2014年4月	原国家食品药品监督管理局	《药品注册管理办法（修改草案）》	鼓励新药创新、取消仿制药申报时间限制、仿制药申报流程变更、新药监测期间同品种申报政策变更及进口药品境内申报政策变更等	部门规章	注册

（续表）

时间	发布部门	政策名称	主要内容	性质	主题
2014年5月	发改委	《关于改进低价药品价格管理有关问题的通知》	公布低价药品清单；取消了最高零售限价，建立低价药清单进入退出机制；明确了低价药日均费用标准；强调了对药品价格变动的监管	其他规范性文件	流通
2014年8月	发改委	《关于进一步加强基层医疗卫生机构药品配备使用管理工作的意见》	巩固完善基本药物制度和基层运行新机制；满足群众基本用药需求；适应基层医疗卫生机构基本医疗服务新要求，新特点，促进药品合理使用	部门规章	医疗机构
2014年11月	国务院	《关于加快发展商业健康保险的若干意见》	加快发展商业健康保险，夯实多层次医疗保障体系	部门规章	医保
2015年2月	国务院	《关于完善公立医院药品集中采购工作的指导意见》	要求2015年内启动新一轮药品集采购工作，各地招标采购药品的开标时间统一集中在每年11月中下旬	部门规章	采购
2015年5月	发改委卫计委人社部等	《关于印发推进药品价格改革意见的通知》	取消绝大部分药品政府定价，完善药品采购机制，发挥医保控费作用，药品实际交易价格主要由市场竞争形成	其他规范性文件	采购
2015年5月	国务院	《关于全面推开县级公立医院综合改革的实施意见》	以破除以药养医和公立机构逐利机制为目标，从医院体制、运行机制、医保支付、人事薪酬、分级诊疗、社会办医等方面提出改革意见	部门规章	医疗机构
2015年6月	药品监督管理局国家卫生健康委员会	《中华人民共和国药典》	药典凡例、通则、总论全面增修订；主要针对二氧化硫、重金属、农药残留、灰分等超标，以及真菌毒素、色素、有害元素等有害物质、微生物以及相关致病菌等增加了控制要求。为药品质量，尤其是中成药质量管控提供了更强有力的保证	部门法规	生产

（续表）

时间	发布部门	政策名称	主要内容	性质	主题
2015年7月	卫计委 原国家食品药品监管总局	《干细胞临床研究管理办法（试行）》	明确规定干细胞临床研究机构是干细胞制剂和临床研究质量管理的责任主体。机构应当对干细胞临床研究项目进行立项审查、备案、信息公开和过程监管，并对干细胞制剂制备和临床研究全过程进行质量管理和风险管控	部门规章	研发（细胞）
2015年7月	国务院	《关于积极推进"互联网+"行动的指导意见》	进一步鼓励医疗产业互联网化	部门规章	互联网化
2015年8月	国务院	《关于改革药品医疗器械审评审批制度的意见》	要求提高新上市药品审批标准、推进仿制药质量一致性评价工作，鼓励创新药，解决注册申请积压，加强药品技术审评能力和提高提高审批透明度等	部门规章	注册（医疗器械）
2016年2月	国家药监局	《总局关于解决药品注册申请积压实行优先审评审批的意见》	加强药品注册管理，加快具有临床价值的新药和临床急需仿制药的研发上市，解决药品注册申请积压的矛盾	部门规章	注册
2016年3月	国务院	《关于开展仿制药质量和疗效一致性评价的意见》	对已批准上市的仿制药质量和疗效一致性评价工作作出部署。从现有上市药品质量和疗效着手，加快扭转"劣药驱逐良药"的不正常局面，进一步推进企业和药品的适者生存	部门规章	注册
2016年3月	国务院	《国务院办公厅关于促进医药产业健康发展的指导意见》	加强技术创新，提高核心竞争力；加快质量升级，促进绿色安全发展；优化产业结构，提升集约发展水平；发展现代物流，构建医药诚信体系；紧密衔接医改，营造良好市场环境；深化对外合作，拓展国际发展空间；培育新兴业态，推动产业智能发展	部门规章	医药产业

（续表）

时间	发布部门	政策名称	主要内容	性质	主题
2016年4月	国务院	《深化医药卫生体制改革2016年重点工作任务》	实施全面深化公立医院改革，加快推进分级诊疗制度建设，巩固完善全面医保体系，健全药品供应保障机制，建立健全综合监管体系等；积极鼓励公立医院改革试点城市推行"两票制"	指导性文件	卫生
2016年6月	国务院	《药品上市许可持有人制度试点方案》	对鼓励研发机构和科研人员开发创制新药，促使产业结构调整和优化资源配置，促进专业分工，提高产业集中度，避免重复投资与建设，具有划时代的意义	其他规范性文件	研发
2016年10月	工信部发改委等	《医药工业发展规划指南》	提高抗体药物、肿瘤免疫治疗药物等生物技术药物的研发和制备水平，加快临床急需的生物类似药和联合疫苗的国产化	指导性文件	医药产业
2016年12月	商务部	《全国药品流通行业发展规划纲要（2016—2020年）》	到2020年，药品流通行业发展基本适应全面建成小康社会的总体目标和人民群众不断增长的健康需求，形成现代药品流通体系	指导性文件	流通
2017年1月	国务院医改办卫计委发改委等	《关于在公立医疗机构药品采购中推行"两票制"的实施意见(试行)的通知》	减少药品从药厂到医院的流通环节，降低药品虚高价格，缓解民众看病贵之痛的"两票制"，必然导致已有商业结构和药企对经销商的选择上的大调整，医药产业朝着规范化、现代化和集约化的方向发展又迈出了坚实的一步	其他规范性文件	采购
2017年4月	科技部	《"十三五"生物技术创新专项》	重点突破新型疫苗、抗体制备、免疫治疗等关键技术，抢占生物医药产业战略制高点，力争到2020年实现我国生物医药整体由"跟跑"到"并跑"，部分领域"领跑"的转变	指导性文件	生物医药产业

（续表）

时间	发布部门	政策名称	主要内容	性质	主题
2017年7月	科技部	《生物技术研究开发安全管理办法》	规范生物技术研究开发活动，促进和保障生物技术研究开发活动健康有序发展	部门规章	研发
2017年7月	原国家食品药品监管总局	《医药非临床研究质量管理规范》	进一步丰富了与研究相关的管理要求，包括多场所研究的管理要求，对计算机化系统的管理要求，有关电子数据和电子签名的应用要求等	部门规章	研发
2017年12月	原国家食品药品监管总局	《细胞治疗产品研究与评价指导原则（试行）》	规范和指导按照药品研发及注册的细胞治疗产品的研究与评价工作	指导性文件	研发（细胞）
2018年9月	发改委	《关于改革和完善疫苗管理体制的意见》	提出要采取强有力举措，严格市场准入，强化市场监管等	部门规章	疫苗
2018年9月	卫健委	《新型抗肿瘤药物临床应用指导原则（2018年版）》	根据药物适应证、药物可及性和肿瘤治疗价值，将抗肿瘤药物分为普通使用级和限制使用级	指导性文件	使用
2018年9月	国务院	《关于完善国家基本药物制度的意见》	从基本药物的遴选、生产、流通、使用、支付、监测等环节完善政策，全面带动药品供应保障体系建设，着力保障药品安全有效、价格合理、供应充分	部门规章	生产流通
2018年11月	国务院	《国家组织药品集中采购试点方案》	以完善带量采购方法换取更优惠的价格，对于消除医院"二次议价"空间、规范评标专家行为、促进评标过程规范化等具有重大作用	其他规范性文件	采购
		《4+7城市药品集中采购文件》			采购
2019年6月	人大常委会	《中华人民共和国疫苗管理法》	强调疫苗上市许可持有人应加强疫苗生命周期质量管理，对疫苗安全性、有效性和质量可控性负责；鼓励疫苗上市许可持有人加大研制和创新资金投入、优化生产工艺、提升质控水平、推动疫苗技术进步；	法律	疫苗

第一章 新世纪中的生物医药行业

（续表）

时间	发布部门	政策名称	主要内容	性质	主题
2019年6月	人大常委会	《中华人民共和国疫苗管理法》	鼓励疫苗生产规模化、集约化，支持疫苗基础研究和应用研究、促进疫苗研制和创新，将预防、控制重大疾病的疫苗研制、生产和储备纳入国家战略	法律	疫苗
2019年8月	人大常委会	《中华人民共和国药品管理法》	明确取消GSP/GMP认证，要求全面实施上市许可持有人制度，建立药物警戒制度、制定药品上市后风险管理计划等	法律	监管
2020年3月	国家市场监督管理总局	《药品生产监督管理办法（2020修订版）》	在坚持属地监管原则的基础上，细化了药监部门在药品生产环节的监管事权；明确了MAH全生命周期管理责任，部分药品自行和委托生产均需获得药品生产许可证，全流程质量控制，实行药品年度报告和短缺药品报告等	部门规章	生产
2020年3月	国家市场监督管理总局	《药品注册管理办法》	加强从药品研制上市、上市后管理到药品注册证书注销等各环节全过程、全链条的监管制度；建立关联审评审批制度，药物临床试验审批实施默示许可制度，对药品变更实行分类管理，科学设置药品注册检验流程，创新药品注册管理方式	部门规章	注册
2020年12月	国家市场监督管理总局	《生物制品批签发管理办法（2020修订版）》	从申请、检验、审核与签发、复审、监督与处罚等方面对生物制品批签发制度做了规定	部门规章	流通（生物制品）
2021年2月	国家药监局	《疫苗生产流通管理规定（征求意见稿）》	构建科学、有效的疫苗生产流通监督管理体系，依法对疫苗的生产、流通管理活动进行规范	部门规章	流通（疫苗）

（续表）

时间	发布部门	政策名称	主要内容	性质	主题
2021年3月	卫健委	《国家免疫规划疫苗儿童免疫程序及说明（2021年版）》	优化调整部分程序接种程序和剂型；对长期困扰基层医疗工作者、临床医生和家长的常见特殊健康状态儿童接种问题进行了说明	指导性文件	使用（疫苗）
2021年4月	人大常委会	《中华人民共和国生物安全法》	对防范重大新发突发传染病、动植物疫情、病原微生物实验室生物安全管理、人类遗传资源与生物资源安全管理等作出规定，是我国生物安全领域的里程碑式法律，标志着我国生物安全进入依法治理的新阶段	法律	生物安全
2021年11月	CDE	《以临床价值为导向的抗肿瘤药物临床研发指导原则》	提出"新药研发应以为患者提供更优（更有效、更安全或更便利等）的治疗选择作为更高目标"，明确指出了"'对照药'是体现新药临床价值的基础"，"应该关注阳性对照药是否反映和代表了临床实践中目标患者的最佳治疗选择"	指导性文件	研发

第二节　市场主体近年发展状况

1. 中国生物医药产业发展现状

从全球范围来看，生物医药市场规模经历高速、稳定增长。其中，美国生物药品在全球市场占主导地位，相关产业总产值占美国国内生产总值接近五分之一，研发实力和产业发展全球领先。此外，西欧、日本等发达国家和地区也是生物技术医药产品研发、生产的主力。

1.1 总体概述

在科学技术进步、产业结构调整和消费支付能力增加等因素的驱动下，中国生物医药市场规模也呈稳步上升态势，总体规模从 2016 年的 13 294 亿元增加到 2021 年的 15 912 亿元，新冠肺炎疫情前的年均复合增长率达 7%，随后迅速恢复上升趋势。预计 2023 年，我国生物药市场总体规模将达到 17 765 亿元（见图 1-1）。

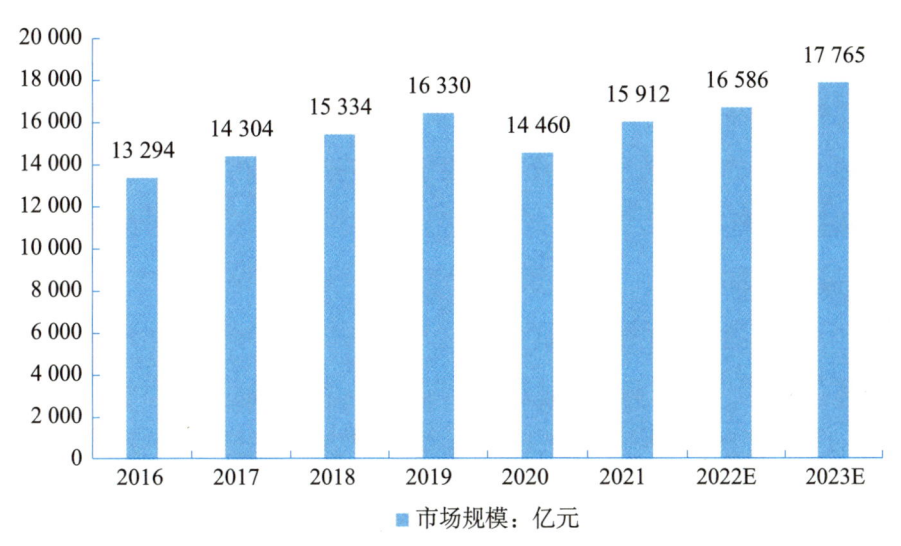

图 1-1　2016—2023 年中国生物医药市场规模

数据来源：弗若斯特沙利文、编者整理

从产业链角度看，在产业链上游，我国在 2018 年荣膺全球原料药供应国、出口国榜首。2021 年，我国药用辅料行业市场规模达 931 亿元，同比增长 8.6%[1]。在产业链中游，在经历疫情冲击后，我国医药制造业营收在 2021 年达到 29 289 亿元，较 2020 年增加了 4 431 亿元，同比增长 17.83%[2]；在产业链下游，2021 年，我国医药商业全部上市公司营收 8 508 亿元，其中 17 家企业营收过百亿元，同比增长 9.1%[3]。

---

[1]　邢立力，韩冰，路天奇：《药用辅料行业专题报告》，东方证券，2022 年 2 月。
[2]　国家统计局，安永整理。
[3]　公司年报，安永整理。

目前，全球生物技术公司在 2021 年的总估值已经达到 10 004.6 亿美元，并预计在 2022—2029 年间达到 15.6% 的年均复合增长率[①]。创新药产业呈现集群式发展：无论从研发管线数量还是首发上市新药数量上，美国都是当之无愧的第一梯队，日本、英国、德国等国家为第二梯队。值得注意的是，2015—2020 年，中国通过明确生态顶层设计、健全法律保障体系、制定落实鼓励政策、建立科学、开放、与国际接轨的监管体系和制度，构建起了一个相对完整的医药创新生态系统。在资本和人才红利的助推下，一批生物医药创新企业涌现，使中国在 2020 年实现了对全球医药研发贡献从第三梯队到领跑第二梯队的跨越。以研发管线产品数量计，中国对全球贡献占比从 2015 年的约 4% 跃升至 2020 年的约 14%，仅次于美国；以全球首发上市新药数量计，中国则达到了 6%，仅排在美国、日本之后[②]。

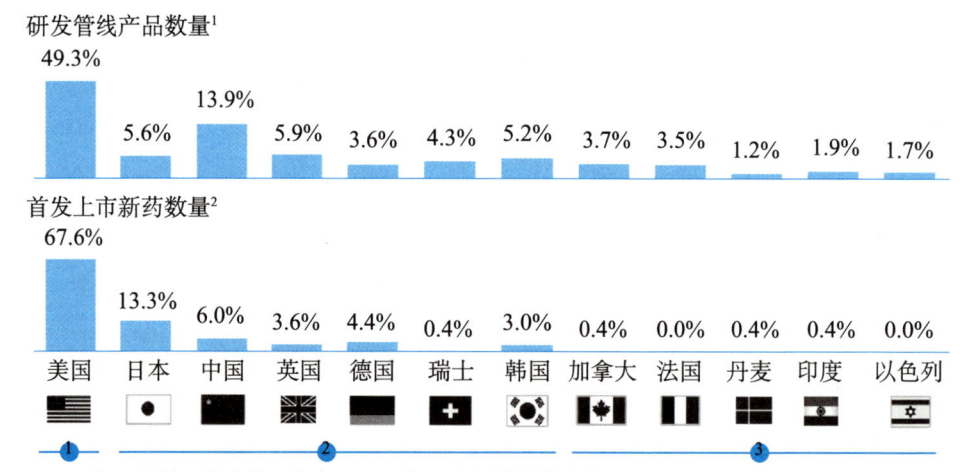

研发管线产品数量[1]

美国	日本	中国	英国	德国	瑞士	韩国	加拿大	法国	丹麦	印度	以色列
49.3%	5.6%	13.9%	5.9%	3.6%	4.3%	5.2%	3.7%	3.5%	1.2%	1.9%	1.7%

首发上市新药数量[2]

美国	日本	中国	英国	德国	瑞士	韩国	加拿大	法国	丹麦	印度	以色列
67.6%	13.3%	6.0%	3.6%	4.4%	0.4%	3.0%	0.4%	0.0%	0.4%	0.4%	0.0%

1. 2020 年 2 月处于临床前、临床 I 至 III 期、注册前的管线数量，以及公司总部所处国家分类
2. 2015—2019 年全球首发市场占比，仅包括新分子实体

图 1-2　中国医药创新指标位居"第二梯队"前列

数据来源：Pharmaprojects

美国作为生物技术产业的龙头，拥有波士顿、华盛顿、北卡罗来纳、圣地

---

① *Biotechnology Market 2022-2029*, Polaris Market Research, 2021.12.
② 《构建中国医药创新生态系统（2021-2025）》，中国医药产业促进会，2021 年。

亚哥和旧金山湾区五大产业集群代表，其市场销售额亦占全球70%以上；欧洲则以英国剑桥科技园区、德国莱茵河上游三角地带等地的生物医药聚集区为代表。亚太地区，整体销售额仅占全球的3%左右，其中日本、新加坡位居亚太区前列[①]。随着我国生物医药产业技术不断突破、利好政策不断出台，行业发展势头迅猛，逐渐成长为全球版图中不可忽视的力量。

整体来看，2017年我国从事医疗健康的企业74.1万家，截至2022年8月31日，这一数字增长到196.3万家，年均复合增长率高达21.5%[②]，增长势头迅猛。

1.2 产业结构

生物医药将医药与生物技术相结合，用于疾病的预防、诊断和治疗，产业链包括药物发现、临床试验、药品的制造、销售与流通。

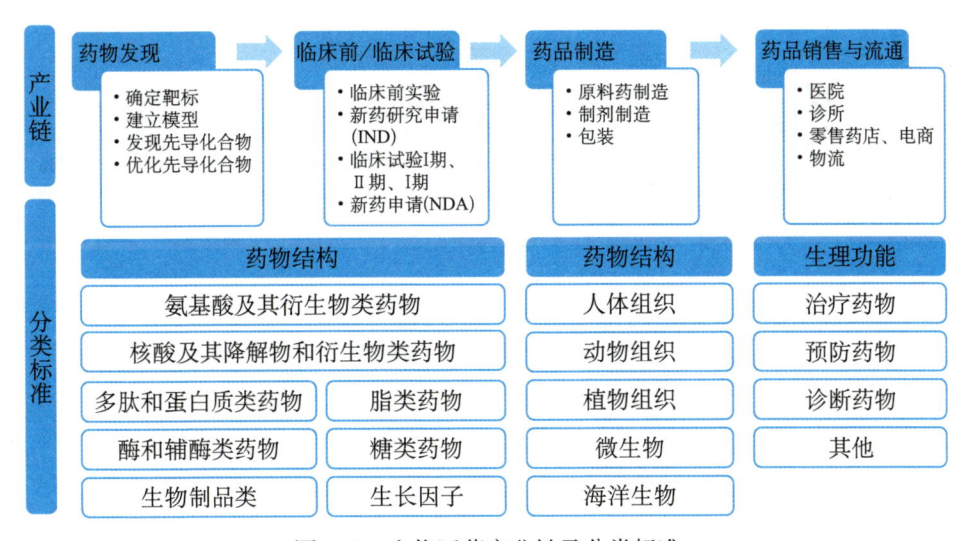

产业链	药物发现	临床前/临床试验	药品制造	药品销售与流通
	・确定靶标 ・建立模型 ・发现先导化合物 ・优化先导化合物	・临床前实验 ・新药研究申请(IND) ・临床试验I期、Ⅱ期、Ⅰ期 ・新药申请(NDA)	・原料药制造 ・制剂制造 ・包装	・医院 ・诊所 ・零售药店、电商 ・物流

分类标准	药物结构	药物结构	生理功能
	氨基酸及其衍生物类药物	人体组织	治疗药物
	核酸及其降解物和衍生物类药物	动物组织	预防药物
	多肽和蛋白质类药物	植物组织	诊断药物
	酶和辅酶类药物	微生物	其他
	生物制品类	海洋生物	
		生长因子	

图1-3 生物医药产业链及分类标准

产业链上游：包括专注前沿生物技术的创新性生物科技公司、在实现商业化的同时继续推进新的研发管线的生物医药公司和拥有研发实力的大型制药企业。另外，产业链上游也包括提供临床前研究和临床研究服务的合同研究组织。

---

① 《2022生物医药产业集群发展白皮书》，戴德梁行，2022年。
② 《2022大健康产业分析报告》，上奇研究院，2022年。

基因工程、细胞工程、酶工程等现代生物技术的发展不断扩展着产业链上游的广度，生物技术也早已成为主流的创新药开发手段。这一趋势也推动了一众生物医药创新企业的成长。

我们梳理了 2022 年 1 月至 2023 年 2 月期间获得最新一级市场融资（种子轮至 Pre-IPO）的生物医药企业，从这些企业的最新估值来看，我国生物制药市场估值排名靠前的 10 家未上市（至融资时）典型企业为：艾美疫苗、海正博锐、特瑞思药业、迪赛诺、科伦博泰、上海细胞治疗、威斯克生物、同诺康医药、惠升生物、爱科百发（见表 1-3）。这 10 家企业的最新估值均在 50 亿元人民币或以上。其中，艾美疫苗已于 2022 年 10 月 6 日于香港证券交易所主板上市，募集资金 1.57 亿港币，截至本章定稿的 2023 年 2 月 9 日，最新市值已达 285.8 亿港元。

表 1-3 生物医药企业估值示例

企业名称	主营业务	最新融资轮次	最新融资时间	融资金额	最新估值
艾美疫苗	疫苗研发生产	Pre-IPO	2022 年 5 月	数千万元	271.7 亿元
海正博锐	单抗类生物药研产销	战略投资	2022 年 12 月	15.4 亿元	135.3 亿元
特瑞思药业	单抗类生物药研发生产	A	2022 年 4 月	6.4 亿元	127.7 亿元
迪赛诺	抗癌药物，抗艾滋病药物研产销	Pre-IPO	2023 年 2 月	未披露	111.1 亿元
科伦博泰	创新药物研发，ADC 药物	B	2022 年 12 月	13.5 亿元	100.0 亿元
上海细胞治疗	细胞治疗	D+	2022 年 2 月	3.3 亿元	70.9 亿元
威斯克生物	疫苗及免疫治疗生物医药研发生产	C+	2022 年 3 月	2.7 亿元	65.6 亿元
同诺康医药	小分子抗肿瘤药物研发	天使轮	2022 年 3 月	未披露	64.8 亿元
惠升生物	糖尿病及并发症治疗	A+	2023 年 1 月	5.8 亿元	55.8 亿元
爱科百发	抗病毒新药及儿童药物研产销	D	2022 年 7 月	未披露	50 亿元

数据来源：PEDATA MAX，编者整理

企业介绍

- **浙江特瑞思药业股份有限公司**

根据特瑞思药业官网截至 2023 年 2 月的信息，该公司致力于研发和生产质量优越，是一家集研发、中试放大和商业化生产、销售为一体的创新生物制药企业。公司目前拥有 8 个在研创新药和类似药产品，3 个产品获批临床试验，涵盖多种恶性肿瘤。其中，4 个药物已获得国家"重大新药创制"专项资金支持。特瑞思申请专利 8 项，其中 2 项 PCT、1 项美国专利。此外，TRS003 在美国申报的临床前会议中获得了专家们的一致认可，被认为是与原研产品高度相似，免去了专家咨询会和临床前动物实验；美国 I 期临床后，成为第一个获准开展"与原研药可互换临床试验"的生物类似药；现已启动国际多中心 III 期临床，FDA 同意 3 期临床 70% 病人可来自中国（首例）。

- **成都威斯克生物医药有限公司**

根据威斯克生物官网截至 2023 年 2 月的信息，该公司是一家集疫苗研发、生产和销售于一体的创新型生物医药企业。现拥有成熟的昆虫细胞表达平台、细菌疫苗平台、mRNA 疫苗平台、新型佐剂平台、肿瘤疫苗及免疫治疗平台，拥有新冠疫苗、多价流感疫苗、疱疹病毒疫苗、肿瘤免疫制剂等 20 余条产品管线。公司第一款重组新型冠状病毒疫苗（Sf9 细胞）——威克欣™，目前已在多国开展全球多中心 III 期临床试验，完成了近 4 万名受试者的入组和接种，并在日本完成以上市为目的临床试验，这是我国首个在发达国家进入临床试验的新冠疫苗。威克欣™于 2022 年 12 月，经国家相关部门批准，被纳入紧急使用。

- **上海爱科百发生物医药技术股份有限公司**

根据爱科百发官网截至 2023 年 2 月的信息，该公司专注于细分疾病领域的创新药物研发和商业化。公司在具有全新作用机制的创新药物研发领域拥有多项核心技术和全球专利，通过自主研发和外部引进相结合的研发模式，开发出坚实且具有高度差异化的产品管线。核心产品 AK0529 是全球领先的抗 RSV 治疗药物，近期已完成全球首个 III 期注册临床试验并取得积极结果，也是首个纳入国家突破性治疗品种的非肿瘤新药；注意缺陷多动障碍（ADHD）产品

Azstarys 是一款最新获得美国 FDA 批准上市的 ADHD 新药；公司还拥有数个具有同类最佳潜力的药物产品正处于临床试验阶段。

产业链中游：生物医药原料生产与加工，包括原料药、制剂的生产及包装。

在这里，有必要说明一下对于原料药在中、外之间定义的细微差别。原料药在英文中对应的称呼是 Active Pharmaceutical Ingredient（API），直译为中文是"活性药成分"。我国的《药品管理法》和《药品注册管理办法》未对 API 进行明确、具体的定义。根据世界卫生组织官网词汇表给出的释义：原料药的含义为"活性药物成分和相关分子，可随后与赋形剂一起配制，以生产药物产品"。也就是说，用于制造药物（医药）产品的任何物质或物质混合物都可以被称为药物产品的活性成分。此类物质在疾病的诊断、治愈、缓解、治疗或预防中提供药理活性或其他直接作用，或影响身体的结构和功能。

通俗来说原料药是指用于生产各类制剂且对人体有直接或间接作用的药物原料，即由化学合成、植物提取或生物技术所制备的各种用来作为药用的粉末、结晶、浸膏等。一个重要区分是，病人无法直接服用原料药。

制剂是呈现药物成品的物理形式，它已经完成了生产的所有阶段，包括其最终容器包装和标签——含有活性成分的成品剂型，通常但不一定与非活性成分（赋形剂）或佐剂结合。剂型的名称结合了其物理形式和预期的给药途径，例如：片剂（用于吞咽）、口服混悬液（用于口服摄入和吞咽的固体颗粒的液体混悬液）。

企业介绍

● 迪赛诺

根据迪赛诺官网截至 2023 年 2 月的信息，该公司是中国首批从事抗艾滋病病毒药物开发并获得该类药物生产批文的企业之一。公司在药物制剂领域已具有 8 个制剂品种获得 NMPA 上市许可。在国际抗艾滋病药物市场中，公司已有 4 个制剂品种获得 WHO 上市许可，2 个制剂品种获得 FDA 上市许可。公司已有 14 个抗艾滋病原料药获得 NMPA、FDA、WHO、EMA、EDQM、MHRA、TGA 等全球主要官方上市许可。

公司在药物原料领域已具有多个系列数十个品种的规模化生产能力，其中艾滋病治疗药物、抗疟疾药物等系列药物原料产品已在全球仿制药物原料市场上占据了重要地位。作为全球重要的抗艾滋病原料药供应商之一。公司为全球600多万艾滋病感染者提供原料药支持[①]。

● 东阳光药业

根据东阳光官网截至2023年2月的信息，该公司的生化发酵原料药以大环内酯类产品为主，工艺水平、产品质量世界第一，产量占世界规范市场的65%以上。东阳光具有一流的胰岛素蛋白药、单抗阿达木、生化发酵的研发平台；胰岛素系列原料药的菌种基因重组全部由东阳光自身完成，拥有自主的知识产权，生产技术、产品质量一流。

产业链下游：生物医药流通与应用，又细分为医药商业（包括医药物流、医药电商、医药零售、医药批发等）、医药服务（医院、养老院、医疗机构、健康管理机构等）、其他（保健食品、医疗器械、检测设备等）。

目前，下游行业中医疗服务占比最高。根据国家统计局数据显示，2021年年末全国共有医疗卫生机构104.1万个。随着"互联网＋药品流通"行动计划的深入推进，医药电商将在医药商业领域占比越来越大。伴随着新型冠状病毒疫情的暴发，疫情推动下各地医疗资源形成挤兑，国内医疗机构资源短缺问题显著，新基建推行，加速医疗机构建设。未来，随着医疗机构不断增长，对生物药品的需求也随之加大，这也会推动生物医药行业发展。

企业介绍

● 国药控股

根据国药控股官网截至2023年2月的信息，该集团主营医药及医疗器械分销业务，依托覆盖全国的分销及配送网络，为国内外药品、医疗器械、耗材及其他医疗保健产品的制造商和供货商，及下游的医院、其他分销商、零售药店、基层医疗机构等客户提供全面的分销、配送和其他增值服务。2021年，集团医药分销业务收入占总收入的比重达到了73%；其次是医疗器械业务，收入

---

① https://www.desano.com/zoujin_qygk.php?cid=2，2023年2月。

占比达到了 20%; 医药零售和其他业务收入占比为 7%[1]。

● 华润医药

根据华润医药官网截至 2023 年 2 月的信息，该集团是中国领先的综合医药公司，主要从事医药研发、制造、分销及零售等业务。公司医药制造位列行业前五，是国内第一大非处方药制造商，生产 615 种药品，产品组合包括化学药品、中药、生物制剂以及保健品，覆盖广泛治疗领域，包括心血管、消化道和新陈代谢、大容量静脉输注、儿科、呼吸系统、皮肤科以及血液制品、凝血障碍治疗及免疫类疾病治疗等。此外，公司拥有"999""东阿阿胶""双鹤""江中""博雅生物"等多个驰名品牌。

公司医药业务网络覆盖全国，下属 330 家分子公司，分布在 28 个省份，共布局 208 个现代物流中心，为上下游客户提供高度专业化且高效的供应链服务。另外，公司经营中国最大的零售药房网络之一，旗下拥有 801 家自营零售药房、其中包括 211 家 DTP 专业药房[2]。

2. 细分赛道发展状况分析

2.1 抗体药物

市场规模

抗体药物包括单克隆抗体、双特异性抗体及抗体药物偶联物（ADC）。

抗体药物是一种生物制剂，是目前治疗癌症的主流疗法之一。与传统疗法相比，抗体药物通常表现出更明显的疗效，并且毒性更低。这些药物通过直接靶向肿瘤特异性抗原，因此具有高度的靶向性，可以有效降低脱靶毒性和副作用，这意味着患者在接受治疗时不会遭受太多的不良反应，治疗过程更加安全和可靠。同时，抗体药物的使用已经得到了患者和医生的广泛认可。

近年来，单克隆抗体在肿瘤治疗中的应用得到了极大的关注和发展。除了

---

[1] https://www.qianzhan.com/analyst/detail/220/220527-6c2ca76c.html，2023 年 2 月。
[2] https://www.crpharm.com/gywm/gsgk/gsjs/，2023 年 2 月。

单一的单克隆抗体治疗方案外，越来越多的疗法采用了两种或两种以上的单克隆抗体联合应用。此外，基于单克隆抗体的治疗方案也被广泛使用，与小分子靶向药物、化疗及ADC组合的疗法也在不断普及。其中，ADC受益于单克隆抗体的高专一性，能够选择性地将有效细胞毒性化合物携带入表达抗原的肿瘤细胞，因此在治疗肿瘤方面表现出了极大的潜力和前景。

国内抗体药物起步较晚，但我国肿瘤的发病和死亡率在逐年上升，因此国内对抗体药物的需求巨大。国内抗体药物的市场飞速发展，根据米内网数据，2014年抗体药物市场规模达到108亿元，截至2021年底已涨至超过200亿元规模，中国已上市的生物工程抗体类药物超过50款，[1] 广泛应用于不同治疗领域，包括肿瘤、自身免疫性疾病、神经病学及骨质疏松症。

随着抗体药物研发生产技术逐渐成熟与完善，全球市场规模增长迅速，整体已超千亿美元。目前抗体药物占整个生物药市场份额的40%左右，并且市场份额还在继续增长，据估计2022年全球抗体药物的销售额将达到1700多亿美元，在生物技术药中的比例将上升至50%左右，是现代生物制药行业中占比最大、增长最快的子行业[2]。

融资规模

2021年全球抗体药物融资事件约46起，融资总额约441亿元（折合约70亿美元）。其中，中国融资32起，总额约346亿元（约54.85亿美元），约占融资总额的77%。治疗领域以肿瘤、自身免疫性疾病为主。从融资地区来看，中国为2021年抗体领域的主要融资市场，以32起融资事件居于首位；美国以10起居于其次，此外，瑞士、新加坡、英国均有企业涉及[3]。

2014年以来，抗体产业在融资金额和融资次数上整体呈迅速上升趋势。2022年在资本市场遭遇寒冬的情况下，抗体领域融资仍逆势而上，虽然在融资事件数量上不及2021年一半，但经披露的融资金额却突破2021年创下的67.55亿元人民币的记录，达到68.1亿元人民币的历史峰值（见图1-4）。

---

[1] https://www.cn-healthcare.com/articlewm/20220128/content-1310604.html，2022年5月。
[2] 药智产业观察，2022年。
[3] 生物制品圈，2022年。

```
      80
      70                                                                67    68
      60
      50                                                          48
      40                                          43
      30                                   35           32   33
                                                  28
      20                            20   23   23                  23
                              18
      10                10
                1    2    1    3    3
       0
          2010 2011 2012 2013 2014 2015 2016 2017 2018 2019 2020 2011 2022
```

　　　　　　　■ 融资金额（亿人民币）　　── 融资事件（次）

图 1-4　2010-2022 年国内抗体药物领域融资

数据来源：PEDATA，编者整理

　　从披露融资轮次看，2017 年前，抗体药物融资以天使轮和 A 轮为主，2018 年，B 轮融资开始增多，2019 和 2020 年间，抗体领域 C 轮及以后融资开始明显增多，2021 年，融资轮次多集中在 A、B 轮及 Pre-IPO 环节，而到 2022 年投资轮次则呈现天使轮至 Pre-IPO 散点分布。可以看出，随着前期的技术与资本的积累，该领域已有一批企业稳步发展，形成一定的规模，并有一批优秀创新型企业在 2021 年前后登陆资本市场，随后在 2022 年呈现出新一轮周期的趋势，老中青各个阶段企业呈现均衡发展。

企业介绍

● 信达生物

　　根据信达生物官网截至 2023 年 2 月的信息，该公司成立于 2011 年，致力于开发、生产和销售用于治疗肿瘤等重大疾病的创新药物。2018 年 10 月 31 日，信达生物制药在香港联交所主板挂牌上市。自成立以来，公司凭借创新成果和国际化的运营模式在众多生物制药公司中脱颖而出。建立起了一条包括 36 个新药品种的产品链，覆盖肿瘤、代谢疾病、自身免疫等多个疾病领域，其中 7 个品种入选国家"重大新药创制"专项。公司已有 8 个产品获得批准上市，3

个品种在 NMPA 审评中，6 个新药分子进入 III 期或关键性临床研究，另外还有 19 个新药品种已进入临床研究。目前，公司按照中国 NMPA、美国 FDA 和欧盟 EMA 的 GMP 标准建成了高端生物药产业化基地。产业化生产线已通过合作方国际制药集团对产业化生产要求的 GMP 审计。公司立足自主创新的产品与美国礼来制药集团在多个领域建立战略合作，总金额超 25 亿美金，创造了多个中国第一，信达生物将中国创新产品引入全球市场。

● 君实生物

根据君实生物官网截至 2023 年 2 月的信息，该公司成立于 2012 年 12 月，是一家以创新为驱动，致力于创新疗法的发现、开发和商业化的生物制药公司。目前公司已建立全球一体化的研发流程，在全球设有四个研发中心，具备卓越的发现及开发创新药物的能力，能够独立进行靶点评估、机制研究及验证、临床在研药品筛选以及功能学验证等发现及开发生物药的关键步骤。公司拥有 9 个平台，其中抗体筛选及功能测定的自动化高效筛选平台、人体膜受体蛋白组库和高通量筛选平台及抗体质量研究、控制及保证平台等 3 个核心技术平台。

● 基石药业

根据基石药业官网截至 2023 年 2 月的信息，该公司成立于 2015 年底，是一家生物制药公司，专注于研究开发及商业化创新肿瘤免疫治疗及精准治疗药物，以满足中国和全球癌症患者的殷切医疗需求。基石药业已集结了一支在新药研发、临床研究以及商业运营方面拥有丰富经验的世界级管理团队。公司以肿瘤免疫治疗联合疗法为核心，建立了一条 15 种肿瘤候选药物组成的丰富产品管线。目前，公司已经获得了 4 款创新药的 10 项新药上市申请的批准。多款后期候选药物正处于关键性临床试验或注册阶段。

● 恒瑞医药

根据恒瑞医药官网截至 2023 年 2 月的信息，该公司成立于 1970 年，是一家从事创新和高品质药品研制及推广的国际化制药企业，已发展成为国内知名的抗肿瘤药、手术用药、造影剂及特殊输液产品的供应商。近年来公司持续高强度投入研发，2022年上半年累计研发投入达到29.09亿元，研发投入占销售收入的比重同比提升至28.44%，位居行业前列。公司先后在连云港、上海、成都、美国和欧洲等地设立了研发中心或分支机构。目前，公司已有11个创新药获批上市，另有60多个创新药正在临床开发。公司研发管线丰富，除传统优势的肿瘤领域，广泛布局自身免疫疾病、疼痛管理、心血管疾病、代谢性疾病等多个治疗领域。截至2021年底，公司累计申请发明专利1 806项，PCT专利494项，拥有国内有效授权发明专利360项，欧美日等国外授权专利478项。公司持续稳步推进国际化，通过与韩国、美国公司合作，公司将卡瑞利珠单抗、SHR0302等具有自主知识产权的创新药对外授权。此外，恒瑞医药已在欧美日获得包括注射剂、口服制剂和吸入性麻醉剂在内的20多个注册批件。

2.2 核酸药物

市场规模

核酸药物是一种相对较新的治疗方法，与传统的小分子药物和抗体药物相比，具有许多独特的优势。首先，设计和合成核酸药物相对简便，因为它们只需要根据特定的序列设计合成即可。其次，具有非常强的靶向特异性，可以精确地作用于特定的靶标分子，使核酸药物在治疗疾病时更加有效和安全。此外，具有长效性，从而减少治疗的频率和剂量，这对患者来说非常方便，也可以减少治疗的副作用。

目前在许多领域，包括遗传疾病、肿瘤和病毒感染等方面，核酸药物已经得到广泛应用。产品方面，目前全球获批上市的核酸药物共16款，除了2款mRNA疫苗，其余14款均为小核酸药物（其中3款已退市）。

总体来看，目前上市产品均聚焦在罕见病适应症领域。其中脊髓性肌萎缩是目前商业化最为成功的适应症，2021年该适应症仅有一款药物，却贡献了近20亿美元的销售。小核酸药物全球市场规模从2016年0.1亿美元已增长至2021年32.5亿美元，年复合增长率高达217.8%[①]。未来，随着临床阶段小核酸

---

① 《核酸药物投融资热浪不断》，每日经济新闻，2022年5月20日。

药物的不断上市，尤其是针对患者群体较大的适应症药物，如乙型肝炎的潜在治愈性药物，将进一步驱动市场快速发展。

总体来看，目前上市产品均聚焦在罕见病适应症领域。其中脊髓性肌萎缩是目前商业化最为成功的适应症，2021年该适应症仅有一款药物，却贡献了近20亿美元的销售额。小核酸药物全球市场规模从2016年0.1亿美元已增长至2021年32.5亿美元，年复合增长率高达217.8%。未来，随着临床阶段小核酸药物的不断上市，尤其是针对患者群体较大的适应症药物，如乙型肝炎的潜在治愈性药物，将进一步驱动市场快速发展。

融资规模

近年来，在新冠mRNA疫苗的催动下，核酸药物成为生物医药增长最快的细分领域，不仅被业内视为继小分子化药和抗体药物后的第三大类型药物，还受到投资者的青睐。据机构数据，仅过去一年，国内该领域的投融资金额就突破100亿元。根据中商产业研究院统计显示，2021年我国核酸药物领域投融资事件达29起，较2020年增加17起，投融资金额达129.12亿元，较2020年增加82.56亿元。同时，2021—2022年初，我国有22家核酸药物企业完成融资[①]。

企业介绍

● 艾博生物

根据艾博生物官网截至2023年2月的信息，该公司成立于2019年1月，是一家专注于信使核糖核酸（mRNA）药物研发的临床期创新型生物医药公司，拥有业界领先并具有自主知识产权的mRNA和纳米递送技术平台，并且建立了丰富的产品管线，涵盖传染病防治和肿瘤免疫等领域。于2021年8月获得了由高瓴创投、礼来亚洲基金、云锋基金、启明创投等知名投资机构的7.2亿美元C轮融资后（该笔融资刷新了中国生物医药领域IPO前单笔融资金额记录），又在2021年底获得了由软银愿景基金联合原股东五源资本共同领投

---

① 《核酸药物研发新时代》，药融圈，2022年9月21日。

的 3 亿美元 C+ 轮融资[①]。

● 瑞博生物

根据瑞博生物官网截至 2023 年 2 月的信息，该公司是国内最早成立的小核酸制药企业之一，成立于 2007 年，建立了自主可控、全技术链整合的六大核心技术平台，可支持小核酸药物从早期研发到产业化的全生命周期。目前，瑞博生物的技术平台主要包括 GalNAc 和脂质体。凭借技术平台，公司已开展了十余款产品的研究，主要围绕糖尿病、肿瘤、眼科疾病、乙肝、高血脂等疾病领域开展，其中研发进度靠前的管线主要是通过合作引进的产品。虽然在 2021 年 5 月终止了科创板 IPO，但此前也进行了 4 轮融资，融资金额超过 10 亿元。其中，C+ 轮完成了 4.7 亿元融资，领投方包括高瓴资本、中国国有资本风险投资基金、中金启德[②]。

● 圣诺医药

根据圣诺医药官网截至 2023 年 2 月的信息，该公司是一家 RNA 疗法生物制药公司，于 2007 年成立于美国，目前拥有专有的递送平台，包括 PNP（可用于将 RNAi 疗法局部或全身给药至肝细胞）、GalNAc RNAi（用于将 RNAi 疗法全身给药至肝脏）以及 PLNP（用于 mRNA 疫苗及疗法给药）。基于丰富的递送平台技术，圣诺医药目前已经自主开发了十余款核酸药物，治疗领域覆盖肿瘤、纤维化、抗病毒、代谢、心血管疾病、肝、肺疾病。

据招股书显示，圣诺医药的核心产品 STP705 在非黑色素瘤皮肤癌的肿瘤学 I/II 期临床试验中已证实非常亮眼的有效性及安全性，公司进一步推进 STP705 用于 IIb 期临床试验的鳞状细胞原位癌、用于治疗皮肤基底细胞癌的 II 期临床试验、治疗瘢痕疙瘩的 II 期临床试验以及治疗增生性瘢痕的 I/II 期临床试验。此外，根据美国 FDA 独立 IND 批准，公司已启动应用 STP705 经局部注射给药治疗肝癌（篮式）的 I 期临床试验。圣诺医药于 2021 年 12 月 30 日在港交所主板挂牌上市，自公司成立以来从 A 轮到 IPO 上市共完成了 8 轮融资，

[①] https://www.abogenbio.com/about/，2023 年 2 月。

[②] https://www.ribolia.com/about-ribo，2023 年 2 月。

投资方包括沃森生物、旋石资本、仙瞳资本、越秀产业基金等，融资金额合计超过 2.8 亿美元[①]。

● 瑞科生物

根据瑞科生物官网截至 2023 年 2 月的信息，该公司拥有国内最全面的 HPV 产品布局，不仅布局了 2 价、4 价和 9 价 HPV 疫苗（进入 III 期临床阶段），还拥有全球首款冻干剂型 mRNA 疫苗 R520A 等多个重磅品类。目前，瑞科生物构建了新型佐剂开发、蛋白工程及免疫评价等三大核心技术平台，其优势之处在于应用了子公司瑞科吉生物（瑞科持股 55%）自主开发的 mRNA 冻干技术，实现了 4℃和 25℃条件下的制剂稳定性，使得该疫苗可在常规冷链条件下贮存与运输，并且冻干工艺不影响产品的生物活性特征。于 2021 年 6 月完成了 C 轮约 10 亿元融资，由清池资本和淡马锡联合领投，易方达资本、博裕资本等跟投，团队持股平台和老股东君联资本、LYFE Capital、红杉资本中国基金等继续追加投资。

● 锐博生物

根据锐博生物官网截至 2023 年 2 月的信息，该公司成立于 2004 年，是一家以核酸技术为核心，以核酸药物生产服务和核酸科研产品为主导的集研发、生产、销售和科研服务为一体的高新技术企业。公司通过寡苷核酸生产、工艺开发和分析方法研究为企业提供核酸药物产品生产和 CMC 药学服务。公司目前拥有寡核苷酸药物生产、分析检测、高通量测序、核酸新药研发等多个平台，提供近百种产品和服务。公司不仅拥有各种化学修饰寡核苷酸药物生产能力和大规模生产基地，还可提供从质粒制造、原辅料和酶生产到 mRNA 生产和 LNP 制备及灌装的 mRNA 疫苗的全产业链生产和开发服务。

● 斯微生物

根据斯微生物官网截至 2023 年 2 月的信息，该公司是国内首家开展 mRNA 药物研发和最早开展 mRNA 肿瘤精准疫苗人体临床试验的创新型龙头

---

① https://www.sirnaomics.com/cn/about-sirnaomics/，2023 年 2 月。

企业，于 2021 年 6 月获得了由药明康德、红杉资本、易方达资本等顶级 VC 机构的 12 亿元融资，创造了国内 mRNA 药物研发领域最大单笔融资纪录。

综上来看，与当前新冠 mRNA 疫苗掀起研发热潮相对应的，是资本对于新兴医学技术的争夺。"得核酸药物者得天下"几乎是众多投资机构的共识，尤其是近年来受国内仿制药、生物类似药等受医保控费、带量采购的影响，核酸药物赛道成了资本争相涌入的绝佳时机。

2.3 细胞与基因治疗（CGT）

市场规模

细胞与基因治疗的主要开发方向包括基因治疗、免疫细胞治疗和干细胞治疗三类。当前，我国各地区均大力发展细胞与基因治疗产业。北京、深圳、上海、天津、海南等重点城市均出台系列政策文件，鼓励和支持 CGT 行业发展。部分重点地区将干细胞治疗、免疫细胞治疗和基因治疗纳入本地国民经济和社会发展"十四五"规划或医药健康专项规划，并在各自医药健康行动计划、自贸区建设方案等政策文件中，给予重点扶持和政策变革的发展导向。

因此，CGT 行业市场规模在政策利好及研发投入增长的背景下也将快速扩增。2016—2021 年，中国 CGT 市场从 0.02 亿美元增长到 0.4 亿美元，复合年增长率为 112%。随着技术的发展及市场需求的不断增大，预计未来中国 CGT 市场规模仍保持快速增长趋势，预计 2025 年整体市场规模为 25.9 亿美元，2020—2025 年中国 CGT 市场复合年增长率（估计）为 276%[1]。

融资规模

近年来细胞与基因治疗领域热度升温，2021 年 2 月至 2022 年 12 月 30 日全国细胞与基因治疗领域企业融资情况，共产生融资事件有 62 起，其中超过 1 亿元的融资有 23 起，最高金额达 1.2 亿美金[2]。预计未来整个医药投融资市场仍会保持较高活跃度，细胞与基因治疗领域的资本投入仍会增加，资本注入也

---

[1]《我国细胞治疗产业发展现状与未来趋势浅析》，火石创造，2022 年。
[2] 数据来源：PEDATA，编者整理。

将推动细胞与基因治疗产业发展。

企业介绍

- 和元生物技术（上海）股份有限公司

根据和元生物官网截至 2023 年 2 月的信息，该公司成立于 2013 年，是一家聚焦基因治疗领域的生物科技公司，专注于为基因治疗的基础研究提供基因治疗载体研制、基因功能研究、药物靶点及药效研究等 CRO 服务，为基因药物的研发提供工艺开发及测试、IND-CMC 药学研究、临床样品 GMP 生产等 CDMO 服务。公司目前有自主搭建的分子生物学平台、实验级病毒载体包装平台、细胞功能研究平台、SPF 级动物实验平台、临床级基因治疗载体和细胞治疗工艺开发平台、质控技术研究平台等全面的技术平台。另已有的近 5 000 平方米研发中心、超 10 000 平方米基因治疗载体 GMP 生产中心，以及在上海自由贸易试验区临港新片区建设中的 77 000 平方米精准医疗产业基地。

- 复星凯特生物科技有限公司

根据复星凯特官网截至 2023 年 2 月的信息，该公司于 2017 年初在上海张江高科技园区成立，并于当年年初从美国 Kite Pharma 引进 Yescarta，获得全部技术授权，并拥有其在中国包括香港、澳门的商业化权利，该产品将被开发用于治疗两线或以上系统性治疗后复发或难治性大 B 细胞淋巴瘤。除 Yescarta 以外，复星凯特同时在上述地区享有 Kite Pharma 后续产品授权许可的优先选择权。公司 2 000 平方米的细胞治疗研发中心于 2019 年初落成，研发管线还包括多个 CAR-T/TCR-T 临床阶段品种和早期创新研发项目；并且与国内外肿瘤免疫治疗领域优秀研发机构合作，打造可持续的创新研发管线。

- 纽福斯生物科技有限公司

根据纽福斯生物官网截至 2023 年 2 月的信息，该公司成立于 2016 年，是李斌教授团队于华中科技大学同济医学院附属同济医院自 2008 年起十几年来对眼科基因治疗技术探索和积累的成果。借助于成熟的 AAV 基因治疗技术平台，纽福斯已建立丰富的产品管线，包含针对视神经损伤疾病、血管性视网膜病变等多种眼科疾病的 10 余个在研项目。

公司首个候选药物 NFS-01 旨在治疗莱伯氏遗传性视神经病变 (LHON)，于 2021 年 3 月成为国内首个获得Ⅰ/Ⅱ/Ⅲ期无缝临床试验许可的眼科体内基因治疗药物，并于 2020 年 9 月获得美国 FDA 孤儿药资格认定，2022 年 1 月获美国 FDA 授予 IND 许可，将在美国开展临床试验，这是首个获得美国 FDA 临床试验许可的中国籍眼科体内基因治疗药物。另一候选药物 NFS-02(rAAV2-ND1) 于 2022 年 1 月获美国 FDA 孤儿药认定。

● 上海药明巨诺生物科技有限公司

根据纽药明巨诺官网截至 2023 年 2 月的信息，该公司创建于 2016 年，专注于研发、生产及商业化细胞免疫治疗产品，并致力于以创新为先导，成为细胞免疫治疗引领者。公司已成功打造了国际领先的细胞免疫治疗的综合性产品开发平台，并战略性地搭建了涵盖血液及实体肿瘤、由 7 款候选药物或上市产品组成的细胞免疫治疗产品管线。公司目前拥有生产基地约 16 000 平方米，分别位于上海外高桥和苏州，预计每年能提供 5 400 批次的自体 CAR-T 产品（可支持每年最多约 5 400 位患者的自体 CAR-T 治疗），并于上海张江拥有占地约 2 500 平方米的研发中心。

第三节　产业园建设

1997 年亨利·埃茨科威兹 (Henry Etzkowitz) 首次提出三螺旋模型（triple helix model）概念并用以解释大学、产业和政府三者间在知识经济时代的新关系以来，作为物理空间载体的产业园已成为许多城市结构的重要特征。产业园以其落地政府产业政策，聚拢人才、资本和科研成果，形成聚合效应的特点，成为促进产学研联动、助力知识创新、推动产业发展、带动区域经济的利器。经过几十年的发展，生物医药行业在全球成为众多产业园的重点发展方向之一。这是因为生物医药行业特有的高门槛，其对技术、资金、人才的高水平需求以及对产业上下游和细分领域之间的知识及人才渗透需求，聚集效应凸显。

因此，作为物理空间载体的生物医药产业园应声而起。自 1975 年美国北卡罗来纳地区的三角洲研究园成立世界上第一个生物医药园以来，生物医药产业园在全球范围内蓬勃发展。我国生物医药产业虽然起步较晚，但发展速度很快。

1. 全国生物医药产业园布局

我国生物医药产业园伴随国家高新技术产业开发区而生，2009 年泰州国家医药高新技术产业开发区成立，这也是我国首个国家级医药高新区。截止到 2022 年 7 月 1 日，我国一共批准成立了 173 个国家级高新技术产业开发区，其中将生物医药、生物技术、生物制药、生命健康作为主导行业之一的国家级产业园区有 75 个[①]。我国生物医药产业起初主要集中在北京、上海和珠三角地区。由于其经济水平较高、研发创新能力较强、投融资环境较好，吸引了众多生物医药企业聚集。在行业自身发展需要叠加国家政策的支持下，我国生物医药行业集聚化发展态势明显，吸引了各地开发生物产业基地及产业园。

截至 2020 年底，全国大大小小的生物医药产业园或涵盖生物医药产业的园区已超过 2 000 个[②]，在长三角、珠三角、环渤海湾、中西部地区形成产业群。

1.1 长三角地区

根据国家长江三角洲区域一体化发展规划，长三角地区包括上海市、江苏省、浙江省、安徽省全域，以上海市，江苏省南京、无锡、常州、苏州、南通、扬州、镇江、盐城、泰州，浙江省杭州、宁波、温州、湖州、嘉兴、绍兴、金华、舟山、台州，安徽省合肥、芜湖、马鞍山、铜陵、安庆、滁州、池州、宣城 27 个城市为中心区（面积 22.5 万平方公里），辐射带动长三角地区高质量发展[③]。

长三角地区产业创新能力和国际交流水平较高，拥有众多跨国生物医药企

[①] http://www.chinatorch.gov.cn/gxq/gxqmd/list.shtml，2022 年 8 月。
[②] 《财经》，2022 年。
[③] 《长江三角洲区域一体化发展规划纲要》，2019 年。

业和本土行业龙头企业。前述提到的 75 个以生物医药等作为主导行业的国家级产业园区中，有 10 个位于该地区。其中，上海有着完善的生物医药创新体系和产业集群，研发要素集聚效应不断增强，是国内生物医药领域研发机构最集中、创新实力最强、新药创制成果最突出的基地；江苏是生物医药产业成长性最好，发展最为活跃的地区之一，已形成苏州、南京、泰州、连云港等一批医药研发的重要基地；浙江将生物医药列入大力培育的高科技产业，在部分领域具备国内先进水平；而安徽则依托合肥、亳州、阜阳等地，在生物医药、中医药研发和药品区域流通中心多点开花。

上海

上海是我国医药产业的发祥地，在这里诞生了近代中国史上第一家民营制药企业——由黄楚九创立的中华制药厂。同时，上海也被认为是我国制药工业的摇篮，1951 年 4 月，在医学家、微生物学家童村先生的带领下，上海青霉素实验所成功试制了中国第一支国产青霉素；1953 年 5 月，更名后的上海第三制药厂，投产第一批国产青霉素针剂，拉开了我国青霉素大批量工业化生产序幕，结束了对"盘尼西林"的进口依赖。随后上海制药企业因客观原因迁往内地，新华制药、东北制药、华北制药、太原制药等大型制药企业的发展都曾受惠于上海技术的无偿转让[①]。

进入 20 世纪 90 年代，随着上海将生物医药作为战略性新兴产业加以培育，罗氏制药等一系列项目进入上海。到如今，上海的生物医药企业研发中心密集，融资环境良好，集聚了世界生物医药前十强中大部分企业，本土生物医药企业蓬勃发展。形成了以中科院药物所、上海新药研究开发中心、国家人类基因组南方研究中心、国家新药筛选中心、国家上海新药安全评价中心、国家上海中药工程技术中心和上海中药新药创新中心为主体的"一所六中心"体系，在长三角地区乃至全国生物医药的技术研发与成果转化领域拥有重要地位。

其中，张江高科技园区是国内最早的生物医药集聚区，区内有为数众多的

---

① 根据《上财商学评论》对上海市生物医药行业协会会长、上海市生物医药技术研究院院长傅大煦的采访整理，2022 年。

生物医药企业、大学和科研机构；临港浦江国际科技城通过产业引进，形成以生命科学与生物基因技术产业为核心的大健康产业集群；上海国际医学园区（医谷）则以现代医疗服务业和医疗器械及生物医药产业为核心。

江苏

江苏的生物医药产业呈现多点开花的局面。苏州、南京、泰州、连云港等地发展出了具有特色的生物医药产业聚集区。

苏州生物医药产业规模位列江苏全省第一，形成了以苏州工业园生物医药产业园为核心，带动高新区医疗器械园、昆山小核酸及生物医药产业园、吴中生物医药园、太仓生物医药园等园区多极发展的产业格局。

南京依托省会城市丰富的医疗资源、科教资源和人才资源，形成南京生物医药谷、南京生命科技小镇、江苏生命科技创新园、高淳医疗器械产业园、南京化学原料产业园等多产业聚集区。头部企业包括全球最大的基因合成制造商南京金斯瑞、全球第1大肝素原料药供应商健友生化以及自主研发国内首个获批临床的CAR-T疗法的传奇生物。

泰州是长江经济带大健康产业集聚发展试点城市，拥有扬子江药业、济川药业等龙头企业。泰州医药高新区内坐落着中国药科大学、得克萨斯医学中心等医学科研机构，武田制药、勃林格殷格翰、中外制药、阿斯利康等一批重大项目也已落户。园区疫苗产业聚集度高，是我国唯一的新型疫苗产业集聚发展试点园区。

连云港则聚集了恒瑞、豪森、正大天晴、康缘等一批知名制药企业，大量已上市的创新药出自连云港的医药企业，在抗肿瘤药、抗肝炎药等领域具有显著特色。连云港经济技术开发区新医药产业园重点发展新型化学制药、现代中药、医疗器械和健康服务产业，加快发展生物制药、海洋医药和新型化学药品制剂。

浙江

浙江生物医药产业发展于2017年进入加速期，形成了化学原料药、化学制剂、体外诊断试剂等细分领域的产业集群，化学原料药出口连续13年位列全国第一。国内首个自主创新药物 ALK 抑制剂恩沙替尼等一批重要领域新药顺利上市。

目前全省拥有超过 31 个产业园区，其中位于杭州市钱塘区的杭州医药港是发展生物医药产业的核心区，产值占比杭州市生物医药产值的半壁江山。在省政府关于生物医药产业 2022—2024 年的发展规划中，杭州也肩负着创新策源地的作用，带动宁波、温州、舟山、台州、湖州、嘉兴发展抗体药物、核酸药物、重组蛋白药物等创新药，以及以海洋生物资源为基础的生物制品产业[①]。

安徽

传统意义上，上海、浙江、江苏三地生物医药产业高质量发展起点相对较高，安徽在 2011 年之后呈现出迎头赶上之势。

合肥作为安徽省内生物产业龙头地区，在高新区、经济开发区、肥西经济开发区、安巢经济开发区四大园区发展出各自特色。例如，高新区聚焦精准医疗、干细胞与再生医学、癌症细胞产业等核心产业；经济开发区依托科研力量努力打造全球首个口服胰岛素胶囊基地。

阜阳市太和县是闻名全国的医药集散中心，有"华东药都"的美誉。依托区域中心优势，太和经济开发区将自身发展定位于"高端医药原料＋制剂"，例如，贝克制药拥有国内产能最大、品种最齐全的抗艾滋病、抗乙肝原料药生产基地，使我国摆脱对进口抗病毒药物的依赖。

与"华东药都"遥相呼应的是亳州"中华药都"的称号。2022 年，亳州的现代中医药产业规模达 1 500 亿元，中药材种植面积稳定在 120 万余亩[②]，北京同仁堂、中国中药、广药集团、雷允上等 70 家中国医药百强及知名企业在此落户，是全球规模最大的中药材专业市场。

1.2 珠三角地区

珠三角地区包括广东省的 9 座城市：广州、深圳、珠海、佛山、惠州、东

---

① 《浙江省人民政府办公厅 促进生物医药产业高质量发展行动方案（2022—2024 年）》，2022 年。
② 《亳州市政府工作报告》，2023 年。

莞、中山、江门和肇庆。这一地区市场经济体系成熟，对外贸易传统深入，医药流通产业发达。作为率先享受改革开放特殊政策和灵活措施的区域，加之毗邻港澳的地理优势，决定了珠三角地区对外辐射能力强，民营资本活跃的特点。

在生物医药产业发展过程中，珠三角地区形成了以广州、深圳市为核心，以其他城市为节点的双核多节点产业空间布局。将广州定位为生命科学合作区和研发中心，关注生物安全、研发外包等领域；将深圳定位为生物医药创新发展策源地，聚焦生物信息、细胞与基因治疗等领域；并结合珠海的生物医药资源新型配置中心，佛山、中山生物的医药科技成果转化基地，惠州、东莞的核医学研发中心，江门、肇庆的再生医学大动物实验基地、南药健康产业基地等，形成珠三角地区产业广度上和产业链纵深上的覆盖。

广州

在广州的地理辐射范围内，高新技术产业开发区承担了建设粤港澳大湾区综合性国家科学中心重要任务，开发区内形成广州科学城、中新广州知识城、广州国际生物岛的"两城一岛"布局，建立起"研发在生物岛、中试在科学城、制造在知识城"的全产业链生态系统。

以"两城一岛"为核心，广州还建立起"三中心多区域"的生物医药产业格局。其中，广州粤港澳大湾区生命健康产业创新区以临床试验和成果转化为特色，成为创新药物临床试验服务的主力；广州国际医药港则着眼于成为地区产业枢纽，在仓储物流、检验检测、大宗交易、金融、品牌等方面提供一站式解决方案。

深圳

深圳各辖区经过多年摸索，发展出了各自特色。光明区将生物医药定位为3+1产业，对医药外包、新药临床和仿制药提供补贴；坪山区在体外诊断试剂、智能医疗器械研发、高端介入性耗材、细胞治疗等生物医药细分领域集聚科技优势；龙岗区拥有深圳市唯一以生物药为特色的产业园区，围绕抗体药物、细胞治疗、基因治疗三大核心产业发展；龙华区定位为深圳北创新中心，生命健康是其重点发展的支柱产业之一；盐田区经过多年发展已形成细胞与基因产业为主要赛道的生命健康产业链；南山区逐渐形成一批生物医药产业群，投资环境日益完善；福田区的河套深港科技创新合作区则由深圳园区和香港园区两部分组成，两地共享医药产业创新资源，形成深港协同发展的互动局面。

1.3 环渤海地区

环渤海地区包括北京、天津、河北、山东四省市。区内拥有非常强的生物医药全产业链优势：在高校和研发资源上，既有北京大学、清华大学等顶尖综合性大学及其医学院的教学和科研力量，又有协和医科大学等9所纯医科大学，后者在校学生接近十万，加上20所P3及以上实验室，产业人力资源储备充足；在临床资源上，区内拥有146家三甲医院[①]。

北京

北京在环渤海区中人才优势最为突出，且拥有丰富的临床资源和大量先进的新药筛选、安全评价、中试与质量控制等关键技术平台。北京初步形成以生命所、芯片中心和蛋白质组中心为主体的研发创新体系，是全国的生物医药研发中心。

其中，中关村生命科学园科研氛围浓厚，靠近大学聚集区、科研院所和药检所，是我国生物健康领域创新资源与医疗资源最为密集的区域之一，肩负着研究基础课题、前沿技术的源头创新重任。

亦庄、大兴则为医药健康产业发展提供土地、空间的优先保障，承接科技创新成果落地。例如，首都医科大学临床研究型医院和创新中心的入驻使得大兴生物医药基地能够大量接受，科研院所和高校的科研成果，同时园区企业产品临床研究、医院应用也建立通路，完成双向对接。

天津

天津的科技实力突出、制造业基础雄厚，在生物医药领域扮演基础支撑角色，其中，皮质激素、GCLE生产规模全国第一，维生素B1产业世界第一，α-2b干扰素市场占有率国内第一，胰岛素生产规模亚洲最大；酶制剂、花青素

[①] 《一文了解全国生物医药产业园》，高力国际，2021年。

和益生菌在技术水平和年产量上均居全国首位[①]。依托港口优势，天津形成以出口为导向的生物医药产业，是重要的现代生物医药产业制造基地和关键技术的研发转化基地。

2020 年天津生物医药产业规模超 600 亿元[②]，辖区内的领先生物医药企业包括天津康希诺，其与军事科学院联合研发的新冠疫苗是全球为数不多的单针有效疫苗，同时也是全球首款吸入式新冠疫苗的开发企业；赛诺医疗研发的冠脉支架填补我国生物医药领域空白；协和干细胞建立了世界上第一座脐带间充质干细胞库。

产业空间布局上，滨海新区作为全市生物医药产业核心，规模占全市的比重超六成，重点领域包括合成生物、医疗器械、化学制药、智慧医疗、中药现代化、医药研发服务外包等。其余各区也各具特色，例如，西青区依托经开区和学府高新区，以中成药老字号为产业重点，汇聚了同仁堂、达仁堂、乐仁堂、宏仁堂等一批中医传统医学老字号。

山东

作为传统医药大省，山东拥有"原料大省"和"制剂大省"称号，产业基础良好，医药工业长期处于全国前列。省内聚集了一批有全国影响力、竞争力的制药企业，其中包括齐鲁制药、罗欣药业、鲁抗医药、黄海制药、鲁南制药、绿叶制药等一批大型医药企业。

济南作为山东省省会，2021 年生物医药与大健康产业规模达到 1 527 亿元[③]。高新区生命科学城担当基础研究与成果转化的责任，药谷产业园则落户大中型生物医药研发、中试、销售企业。此外，国际医学科学中心面向国际建立产学研体系，明湖国际细胞医学产业园则以细胞治疗及关联产品 CDMO 服务为核心。

---

① 《天津市生物医药产业发展"十四五"专项规划》，2021 年。
② 同上。
③ 根据 2022 年 10 月济南《关于加快生物医药与大健康产业高质量发展的若干政策措施》新闻发布会整理。

在青岛，高新区蓝色生物医药产业园建有生物医药专业孵化中心和符合 GLP、GMP 标准不同层高的载体，面向新药研发、检验检测、干细胞等领域提供支持。同时，青岛西海岸新区则将海洋生物医药作为突破点，依托明月海藻、聚大洋、华大基因、正大制药龙头企业，推动海洋创新药物及制剂的研发和成果转化。

烟台则试行以"链长制"工作机制构建产业发展体系。例如，荣昌生物即为烟台生物医药产业链的"链主"企业，凭借其在抗体和融合蛋白、抗体-药物偶联物（ADC）、双功能抗体等技术平台的出色研发水平，带动产业链全盘发展。

河北

凭借石药集团、华北制药、以岭药业等龙头企业，河北省在医药产业发展上，聚焦生产环节，包括化学原料药的生产、原材料的供应、中药与特色药的生产等。

石家庄在创新药、发酵药物、中药现代化方面处于较为领先的地位，同时在原料药和高端化学药方面具有优势。省内知名的医药企业大多坐落于这座省会城市。2022 年 8 月 26 日，国家药监局、海关总署联合印发《关于增设石家庄航空口岸为药品进口口岸的公告》，经国务院批准，同意增设石家庄航空口岸为药品进口口岸，进一步发挥石家庄市交通枢纽的作用，助力城市打造高水平、高效率的药品集散地。

北京·沧州渤海新区生物医药产业园开创性地实行了药品生产异地延伸监管政策，由京冀两地按照"共建、共管、共享"的原则打造。异地延伸监管，意味着入驻园区的京籍药企，仍由北京市药品监管部门依法实施许可和认证，对其生产情况进行延伸监管；入驻的北京药企依然保留"北京身份"，名称、注册地址不变，相应产品批准文号不做转移，按照变更生产地址办理。这一开创性政策，即为北京保留了原料药产业，满足了京籍药企扩大生产的需要，又为沧州建立了以高端原料药、医药制剂、现代中药为特色的产业园区，缩短了园区建设和企业投产周期。

1.4 成渝地区

成渝地区（成都、重庆）在"一带一路"战略中具有重要枢纽作用，在政策和区位双重优势下，逐渐成为国际医药商贸和供应链核心区域。

成都天府生命科技园是生物医药研发创新中心和产业孵化中心，也是中国西部生命科技产业门户；高新南区是首批国家高新技术产业开发区，中国亚太经济合作组织科技工业园区；而天府国际生物城定位全球生物医药创新创业人才栖息地、世界级生物医药创新与智造之都。2022年10月，生物靶向药物国家工程研究中心在成都温江区成立，标志着全国唯一的国家级生物靶向药物研发和产业化基地成立。

重庆的化学原料药和中医药工业历史悠久，曾被称为"全国六大制药基地"之一。在此基础上，重庆正在前沿生物技术领域发力，如大渡口区以基因测序、细胞治疗、基因编辑等前沿技术为主的精准治疗和以核酸扩增（PCR）、基因芯片为重点的体外诊断试剂与设备的产业聚集区，以高新区为代表的基因测序、医疗大数据、数字化医疗设备产业，和以巴南国际生物城为代表的单抗药物等创新药产业园区。

此外，四川岳池也准确找到"川渝合作生物医药城"的定位，在渝地双城经济圈建设和生物医药产业发展中谋求共赢。

1.5 中部地区

中部地区各省多位于长江经济带周围，土地、人才和物产资源丰富，生物医药产业发展具备禀赋优势，正处于快速崛起阶段。"十四五"期间，武汉将联手宜昌、鄂州加快发展现代生物医药产业，南昌、九江、宜春、上饶、黄冈、咸宁等打造全国中医药产业重要基地，长沙、常德、宜昌、鹰潭等加快特色生物医药产业发展，仙桃打造医用非织造布生产和出口基地[①]。

中部地区的中心城市武汉、长沙，在生物医药产业地图上具有重要地位。

---

① 《长江中游城市群发展"十四五"实施方案》，国家发展和改革委员会，2022年。

其中，武汉东湖高新技术产业开发区围绕中药、抗体药物及疫苗、精准医疗、智慧医疗、医药物流等领域，强化创新驱动，努力打造活跃的新药创制中心、创新医疗器械医学转化中心、区域智慧医疗互联枢纽和精准诊疗应用示范中心。

在长沙，高新区则凭借人才、区位、政策、产业基础和配套、自然资源等优势，布局生物药、中医药、医疗器械、医药物流、医药外包服务等领域，重点打造全环节产业链，力争成为承接沿海地区产业转移的前沿阵地，并以此辐射中西部市场。

我国的生物医药产业园在地理分布广度以及园区数量上堪称全世界之最。虽然园区有大有小、历史有长有短，但无一例外，产业园被寄予发展地方经济、创造就业岗位、创建产业集群等厚望，受到中央和各级地方政府高度重视。以园区形式聚集，目的是帮助生物医药企业快速获取技术、资金、人才等资源，从而促进其成长。园区的赋能水平与服务水平对创新企业，尤其是初创企业的发展非常重要。初创企业不断成长，又为园区带来更强的聚集能力。可以说生物医药产业园在我国生物医药行业的发展中发挥着不可替代的重要作用，并逐步成为生物医药产业发展的重要依托。

然而，我们也应该看到我国生物医药园区发展的不平衡。据报道，截至2021年，全国169家国家高新区聚集了全国84%的国家重点实验室、78%的国家技术创新中心，培育和集聚了全国36.2%的高新技术企业、67.1%的科创板上市企业、35.9%的科技型中小企业，国家高新区企业全年营业收入47.8万亿元，利润总额为4.1万亿元；企业研发经费支出是2012年的3.3倍，占全国50%；PCT国际专利申请量约占全国50%[①]。虽然导致园区发展不平衡的原因很多，但对于企业及创业者而言，谨慎选择合适的园区非常重要。

2. 典型案例分析

根据三螺旋模型（triple helix model）理论，大学作为新知识、新技能的来源，是知识经济的源动力；产业作为生产经营场所，承担着最终产品商业化的

---

① 《高标准建设科创策源主阵地》，《经济日报》，2022年11月27日。

第一章 新世纪中的生物医药行业

重任；政府作为契约关系的来源，确保稳定的相互作用与交换。大学、产业和政府三方彼此独立又相互作用，三者交叉、结合，角色互换多样，多边和双边沟通灵活，形成动态系统。我们按照大学、产业和政府三方的作用，可以对产业园的管理模式大致分为大学主导型、企业投资开发型、政府主导型以及混合型模式。

我国的生物医药产业园主要是政府主导型。政府主导型模式由专门成立的园区管理委员会来行使管理职能，执行由政府职能部门制定的园区战略，规划园区建设与功能扩展、设计招商引资和投融资政策、对资源进行调配、对早期企业团队进行孵化培育、对投资体量大的战略性项目进行一事一议给予支持等，形成以政府为主导、以企业为主体的管理和运行机制。地方政府对这类园区一般会有一些产值、税收、吸纳就业等方面的刚性要求。不少地方也在探索"管委会＋公司"的园区管理模式，管委会引入平台公司，将建设运营、企业引入培育等职能下沉，强调"小管委、大公司"，增强产业园区的市场化程度。

我们在本章节介绍的我国生物医药产业园典型案例，政府主导内容的演进和市场化内涵的扩展是我们观察到的显著特征之一。

2.1 中关村生命科学园

中关村生命科学园是国家级生物技术和新医药高科技产业创新基地，聚焦国家生物医药产业发展，承担集群创新功能。

生命科学园规划占地面积为 2.5 平方公里，其中，一期占地面积 1.3 平方公里，定位于生物医药研发、中试、孵化基地；二期占地面积 1.2 平方公里，定位为医疗服务及生物技术产业化基地。园区内汇聚了生物芯片北京国家工程研究中心、蛋白质药物国家工程研究中心、国家"863"实验动物及病理动物模型中心等七家国家级研究机构，是集生命科学研发中心、生物技术创新和产业化推广、企业孵化、产业集聚、风险投资、国际合作、人才培养于一体的世界一流的高科技园区。

为了使园区人员的生活、工作更加便利，也为了承载更多国家重大科技部署项目落地、推动产生原始创新成果，生命园三期项目已全面启动，建筑规模约 360 万平方米，其中，160 万平方米作为产业空间，200 万平方米作为配套空间，与生命园建成区一起成为中关村科学城的重要组成部分。

从"十五"的起步期、"十一五"的培育期、"十二五"的发展期，到"十三五"的自主创新引领示范期，中关村生命科学园历经 20 余年发展，以生命园扩展区建设为契机，健全产业服务体系，拓展产业发展空间，有效提升园区生物医药产业自主创新引领示范地位，积累了大量原创性科技成果，推出了众多创新产品，形成了完整的生物医药产业链，打造了与高科技企业共成长的园区价值链，汇聚了一大批创新创业人才。

（1）"十五"：起步期

2001 年 3 月，全面启动土地一级开发工程，打造适合生命科学产业发展的专业化园区，同时落地一批国家级生命科学基础研究重大项目，引入生物医药研发企业、机构，初步聚集了产业创新资源。

（2）"十一五"：培育期

园区专注于本土原创型产业培育，聚集了一批明星企业，产业链条初步形成，同时高端自主研发成果开始涌现，受到党和国家领导人的高度关注。

（3）"十二五"：发展期

获得"国家生物产业基地""国家级生物医药创新孵化基地""国家高新技术创业服务中心""中关村生命科学园留学人员创业园"等 25 项基地类授牌，助推了一批创新型明星企业的孵化和成长，进入成果转化关键时期，同时，加速优化和积累园区产业发展的关键要素，创建了一批特色产业促进服务内容和项目，强化了生命园业内领跑者和旗帜地位。

（4）"十三五"：自主创新引领示范期

"十三五"期间，园区从基础研究到转化、流通，最后到临床，现有的产业已经在园区基本形成闭环。园区目前拥有各类科研和产业服务平台，包括产业研究平台、创新创业平台、金融服务平台，立体多源的科研和产业服务体系，为园区自主创新能力的构建提供有力的支撑。

同时积极参与中关村硅谷创新中心、中关村德国创新中心、中关村波士顿创新中心的建设，并在波士顿、硅谷建设了"国际创业孵化基地"，利用当地科研人才优势，为生命园输送优秀项目团队。

未来中关村生命科学园还将做好孵化器升级建设和临床医院资源的建设，推动创新孵化和临床应用资源的集聚。

2.2 上海张江药谷

张江生物医药基地被外界誉为"张江药谷"，是由国家科技部、卫计委、药监局、中国科学院、中国工程院与上海市签约共同打造的"国家上海生物医药科技产业基地"，重点集聚和发展生物技术与现代医药产业领域创新企业。

国家战略布局和政策支持是张江药谷形成的关键。在1992年张江高科技园区成立之初，就将现代生物与医药产业列为重点发展的主导产业之一。1996年，"国家上海生物医药科技产业基地"在张江高科设立，一举奠定了药谷的地位。

（1）早期政府驱动阶段（1992—1999年）

1992年，张江高科技园区在浦东新区成立，规划面积25公顷，两年后，张江高科技园区启动生物医药产业发展计划，紧接其后，1996年科技部、卫生部、中国科学院、药监局和上海市人民政府同意共建张江"上海国家生物产业基地"。这一时期，张江生物医药产业基地的建设主要依靠地方政府的规划开发和国家的支持，政府为主要驱动力，这一阶段集群网络没能紧密形成，研究、开发和产业界功能分离，生物技术企业和制药公司之间的联系也没有得到充分发挥，溢出效应弱。

（2）各级政府大力支持、全球化发展双核驱动阶段（1999—2009年）

为加快张江高科技园的发展，1999年上海市实施"聚焦张江"战略，给予张江高科技园区一系列优惠政策和待遇，包括财政收支、人力资源、项目审批、土地开发、吸引外资以及文化设施的建设等，确定生物医药产业、集成电路产业、软件产业为园区主导产业。依托该战略的实施，张江药谷生物医药产业进入快速发展阶段，基地集聚和发展了一大批实力较强的生物医药企业，包括 1992 年就在园区成立地区总部的罗氏，2004—2008 年间在张江发展了全球研发中心。

另外，由于具有药物开发成本低和庞大的患者群体优势，张江高科技园区的一些生物技术企业通过提供 CRO 服务，加入了新药发现和开发的全球医药价值链，外包模式以离岸外包为主，业务面基本覆盖了产业链的全过程，重点集中在临床前研发服务，在化合物合成筛选、提取和工艺研发、临床前药理毒理研究等方面具有较强实力。

（3）基于自主创新的全球化发展阶段（2009 年至今）

为了加快从大学向产业的技术转移，张江高科技园设立若干生物技术平台，如专业孵化平台、CRO 专业服务平台、研发外包服务平台和设备共享平台。区域创新体系的建立进一步促进张江自主创新能力的提升和国际影响力的扩大，依托于此，越来越多跨国公司计划在张江药谷设立或扩大其全球研发中心。同时，也集聚和培育了一批优秀的国内企业，包括中信国健、微创医疗等，成了国内研发机构最集中、创新实力最强、新药创制成果最突出的标志性区域和生物技术集群之一，进入了一个基于自主创新的全球化发展新阶段。

2.3 苏州生物医药产业园（BioBAY）

BioBAY 位于苏州工业园区，是苏州工业园区培育生物产业发展的创新基地，目前已聚集了 600 余家高科技研发企业，形成了新药创制、医疗器械、生物技术等产业集群。BioBAY 目前规划了 8 期。其中，位于星湖街的一期、桑田岛产业园的二期、三期均已投入使用。

根据 BioBAY 的发展历程与经历的重大事件，可以看出园区大致经历三个发展阶段：起步探索期、快速发展期和行业引领期。

（1）起步探索期

2006—2009 年，BioBAY 处于起步探索期，发展缓慢且艰难，园区定位为孵化创新创业企业。此时，国内生物医药产业刚刚起步，适合生物医药产业创新创业的氛围比较弱，具体表现为创业人群非常少，极少数海归回到中国进行新药研发，同时投资人投资创新企业的意愿也较低。

正是在这样艰难的环境下，2008年前后入园的企业遭遇金融危机资本寒冬，在研发策略上明显带着求稳的痕迹。

最早开始从事研发的公司，只对已上市药品进行剂型改造；后来逐渐有公司开始对化合物的结构进行少部分修饰，跟进国外已经获批上市新药的靶点和适应症，走得最快的公司也只敢尝试跟进处于临床后期开发的新靶点。这些公司最大的特点是起步艰难，初期研发进展缓慢，启动新药研发立足于中国市场。

（2）快速发展期

2010—2015年，BioBAY处于快速发展期，在招商引资、园区规模拓展、产业资本发展等层面表现不凡。招商引资层面，引进一批在中国医药研发领域最具创新力的代表项目，包括百济神州、再鼎医药、立生医药等。

此外，园内的信达生物制药与礼来制药签约并回购了由BioBAY代建的生物药产业化基地。园区规模拓展层面，面对进入产业化阶段的新药制剂、医疗器械与设备企业，BioBAY与常熟合作建设苏虞生物医药产业园，属于苏州工业园区生物产业第一个走出去的项目，规划面积1平方公里。

同时，位于桑田岛的苏州生物医药产业园二期，总占地面积20.5公顷，A区土地面积6万平方米，建设面积12万平方米，于2015年5月正式投入使用。产业资本发展层面，随着重大项目的不断引进，BioBAY和全球领先的医疗器械公司美敦力以及红杉资本共同成立基金，并以基金为依托，成立医疗器械企业孵化器，大力扶持初创型企业，搭建产业信息与资源共享平台。

（3）行业引领期

2016年至今，BioBAY处于行业引领期，这一阶段处于全国乃至全球生物医药产业发展的风口期，BioBAY在这一阶段致力于以"专注、联合、创新"的态度，努力构建世界一流的生物产业生态圈，将全球资本、人才、科技等各方面的资源完美地拼接在一起。

另外，无锡国际生命科学创新园在政企合作领域出现创新。无锡国际生命科学创新园是由无锡市政府、无锡高新区政府与阿斯利康联合打造的全球创新孵化平台。2019年9月正式开园，一期占地30万平方米，二期、三期各规划占地23万平方米与10万平方米。开园以来吸引了来自英国、俄罗斯、印度等国家及包括内地、香港等地的50余家创新型企业签约和入驻，与2家姐妹园（俄罗斯斯科尔科沃创新中心、瑞典生物科技孵化中心）和6家国际化行业组织（澳大利亚贸易投资委员会、英国生物工业协会、印度国家软件和服务企业协会、香港创新医疗学会、芬兰创业企业社区、中欧校友医疗健康产业协会无锡中心）达成战略合作关系，与中金公司、泰格医药、产业集团、国联资本、源码资本、云锋基金、前海人寿等一系列产业资本深入合作。

第四节　资本风向标

1. 国内一级市场投融资趋势

1.1 投融资规模

2007—2019年以来，国内生物医药投资事件和投资金额持续增长，其中2007—2013年小幅增长，2013年以后加速增长。截至2019年，国内生物医药行业累计投资事件723笔，涉及总投资金额1 416.31亿元，平均单笔交易规模约为1.96亿元。2015年开始，国家级部门发布一系列的医药研发相关政策，政策红利背景下，国内生物医药行业不论是投资笔数还是投资金额都开始大幅增加，2015—2019年，生物医药行业的投资笔数年均复合增长率达20.36%、投资金额年均复合增长率达到58.29%。

2020年上半年，国内生物医药投资事件和投资金额分别为91笔、325.16亿元，同比双双上涨，其中投资事件同比增长28.17%，投资金额同比增长

39.62%。受疫情影响，国内生物医药企业受关注度持续增加，144家在2007—2019年未涉足生物医药投资的企业、机构纷纷加入生物医药投资的行列，国内生物医药投融资市场活跃度进一步提升。

2021年我国生物医药领域的投融资受疫情影响发生了大幅增长。2020年融资总额达到883.75亿元，较2019年增长达到107.6%。而2021年的投融资总额较2020年又有了进一步的增长。2021年融资事件数达到522起，较2020年增长53.1%；总额达到1 113.58亿元，较2020年进一步增长26.0%[①]。

1.2 投融资轮次

投资轮次方面，2007—2019年，国内生物医药行业投资轮次主要集中在天使轮、A轮以及B轮，投资笔数占比分别为16.74%、41.36%、19.09%，合计占比达77.18%。其中，对A轮的投资笔数最多，平均投资金额为8 831.17万元。从B轮开始，国内生物医药行业的单笔投资金额大幅增加，其中Pre-IPO轮的单笔投资金额最大，达10.43亿元，其次是战略投资轮，单笔投资金额达5.80亿元。2020年和2021年，A轮事件占总体比例分别为34.8%和39.3%。

此外，相比往年，2021年一年内重复融资的企业数量极速增长。资本的走向越发集中化，直接导致了头部企业的融资效率加快。"明星效应"的出现也会给后续的企业产生一定的壁垒，如若要后来居上，企业要拥有更多可以夺人眼球的亮点，这本质上也促进了生物医药行业的快速发展、技术平台的创新以及迭代。

2. 国内一级市场投资热点及与同期全球热点比较

通过2019—2021年三年融资数据来看，小分子药、大分子药、细胞疗法连续三年稳居前三，并且融资数量远远领先，行业格局相对稳定。上游生物制剂、疫苗、CDMO等增长明显，ADC、基因治疗、核酸药物、溶瘤病毒等创新生物技术领域近年增长明显，成为现阶段生物医药领域投融资总体增长的主

---

① 数据来源：PEDATA，编者整理。

要动力来源。

小分子药：细分赛道迎新机遇

2021年，我国小分子药物领域投融资事件达204起，较2020年增加71起，投融资金额达352.58亿元，较2020年减少19.94亿元。小分子药物领域由于新技术的兴起和License-in模式的出现，在近几年增长明显。新技术主要是人工智能技术在小分子药物研究上的应用逐渐成熟；PROTAC、分子胶等新作用方式则还在较早期的阶段；另外，License-in模式由于本身对资金的需求量较大，也进一步促进了小分子药物领域的吸金能力。

近年来，抗体、基因疗法、细胞疗法等新型生物药的崛起强势占领了部分小分子药物市场，小分子药物研发也受限于新靶点发现与小分子库多样性的增速逐年降低从而使得小分子药物的开发处于相对较低的成功率。然而，PROTAC技术、分子胶、AI药物研发等新技术的发展与进步给小分子药物研发带来了新的研发思路，小分子药物研发重新焕发了生机。

大分子药：稳中求进

大分子药物领域在从2016年前后开始快速兴起，在2020—2021年随着整体医疗领域投融资的热度增长来到了新的高峰。根据动脉橙的数据，2021年，我国大分子药物领域投融资事件达85起，较2020年增加26起，投融资金额达212.45亿元，较2020年减少4.52亿元。

究其原因，2021年能够基本与2020年持平，部分原因是ADC赛道在2021年的火热。考虑到头部企业进入二级市场的速度加快，大分子药物领域在一级市场的关注度增长获取缺乏动力。

根据BCG的预测，2026年全球ADC药物市场规模将达到160亿美元，最畅销的ADC新药分别为DS-8201、Padcev和T-DM1等。国内ADC新药研发也在2020年之后进入新一轮的热潮。

一级市场上，国内ADC初创公司也备受资本关注，2021年融资规模超过50亿元。ADC新药CDMO竞争也日渐激烈，迈百瑞、东曜药业等自不待言，很多抗体药CDMO也积极布局ADC领域，药明生物与合全药业则成立了合资公司药明合联聚焦 ADC CDMO 服务。

不过，即便如此，更多新概念的 ADC 技术则仍需要临床验证。就在 2021 年，免疫刺激 ADC（Silverback、Bolt）、多弹头 ADC（Mersana）、前抗体 ADC（Cytomx）等相继遭遇重大临床挫折，技术还需要进一步突破。

细胞治疗：商业化元年开启

2021 年是中国细胞治疗商业化元年，当年共有两款细胞治疗产品获批上市，并成功在临床应用。另外，市场融资也依旧火热。根据动脉橙的数据，2021 年，我国细胞治疗领域投融资事件达 59 起，较 2020 年增加 25 起，投融资金额达 101.34 亿元，较 2020 年增加 25.09 亿元。

因此，直观来看，细胞治疗领域在 2021 年的融资热度进一步走高，融资总额突破百亿元大关。2021 年两款 CAR-T 产品的顺利获批对于产业的发展起到了重要的刺激作用。同时细胞治疗领域内的融资关注点也更多地偏向于更广泛的应用场景，尤其体现在实体瘤细胞治疗上。2021 年，CAR-T 细胞疗法收获了海量投资者的支持，据公开数据查询，一共披露了 30 起左右的融资事件，累计融资超过 28 亿美元，位居细胞疗法细分领域之首。

另外，细胞治疗联合疗法也在如火如荼地发展。目前联合疗法已有很多种不同的组合推进到了临床试验阶段，目前使用比较多的组合是细胞疗法（CAR-T）与溶瘤病毒、细胞疗法与靶向药物、不同细胞疗法（如 CAR-T 和 HSCT）等。

RNA 疗法

RNA 疗法赛道热度剧增，更有人把 RNA 疗法称为继小分子药物和抗体药物之后的生物医药第三次产业革命。

mRNA 疗法热度最高，2021 年全球共有超 20 起融资事件，累计融资超 20 亿美元，其中 80% 以上（17 起）发生在国内，仅艾博生物一家企业就凭借 3 轮融资（B 轮、C 轮、C+ 轮）募资超 11 亿美元。

除上述赛道外，近年生物药 CDMO 赛道主要受到其下游产业释放的积极信号影响，迎来发展期。有越来越多的大分子生物药企业步入后期临床阶段，释放出大量的工艺研发和生产外包需求。生物药 CDMO 领域因此在近年获得投资机构的广泛关注，百因诺生物、臻格生物、皓阳生物、甲贝医药、昭衍生物、智享生物、鼎康生物等都获得了数亿元投资。

而与整个生物医药领域相关联的上游产业，包括了培养基、酶、重组蛋白、一次性反应系统等试剂、耗材、仪器设备。疫情中由于海外供应链受阻，进口产品的供应受到了极大的限制，同时凸显了国产化的重要性。生物医药上游产业的国产化因此在 2021 年受到了极大的关注，蒲公英（Ouryao）与乐纯生物等一批国产化企业共同发起成立的生物制药国产化推进联合会（BLA）在上海张江正式落成，值得期待。

3. A 股、港股、中概股 IPO 趋势

IPO 作为一、二级市场联动的枢纽，新股发行价格或高或低对于一、二级市场都会产生深远影响。整体来看，A 股、港股、中概股的 IPO 市场，在近几年里经历了短暂的轮回，其变动轨迹完全符合生命周期理论。

发展

在新药/械 IPO 市场刚刚出现时，无论是 A 股、港股、中概股，二级投资人均处于观望状态，在发行结构上，公开发行的比例极低，二级市场价格对一级市场影响不大。

成长——越来越多的新药/械企业在各大 IPO 市场上市，投资者逐渐加深了对行业及公司的认识，整体的发行也进入了朝气蓬勃的时期，基石投资者及锚定投资者的比例增加，机构投资者成为公司在上市发行过程中不可或缺的角色，发行价格相对较高。

成熟

2020 年起，新药/械企业的 IPO 进入爆发期，市场出现上市潮，资金的大举进入，引起了发行过程中募资额的大幅超购，从而触发股票发行过程中设立的回拨机制，导致公开发行的比例大幅增加，公司在一级市场的认购比例与以往年度相比有所降低，但认购价格增高；在二级市场的发行股份比例有所增

加，最终被大小不一、资质参差不齐散户投资者认购，其股价虽有波动，但总体呈现上升的趋势，并于 2021 年上半年达到了最顶点。

衰退

2021 年下半年起，由于内外部市场的各种不利因素接连浮出水面，二级市场对于新药/械 IPO 的发行价的反馈可谓一落千丈，并最终给一级市场投资人带来估价虚高的反馈。因此截至目前，基石投资人缺位、IPO 的破发频频发生，即使已经上市的公司，股价也可谓一落千丈，公开发行的比例也在往一开始的幅度进行靠近。

根据 Wind 数据统计，在各大政策红利以及资本市场改革的双重叠加下，从 2018—2021 年间，IPO 成功的数量逐渐上升，其中针对未盈利药企，第五套标准和 18A 政策双管齐下，A 股科创板和港股主板的表现尤为亮眼。

图 1-5　2018—2021 年上市公司数量

数据来源：Wind

4. 科创板医药行业 IPO 特征及第五套标准的适用

立足硬科技，打造创新企业新天地

科创板作为我国境内资本市场改革的突破口和试验田，主要服务于符合国家战略、突破关键核心技术、市场认可度高的科技创新企业，以金融环境的"一池活水"涵养出创新创造的"步步莲花"。截至目前，历经三年淬炼，科创板成果斐然，截至 2022 年 7 月 22 日，根据 Choice 数据显示，科创板上市公司数量已有 439 家，总市值从 5 500 亿元提升至逾 5.5 万亿元。从试验田到新高地，科创板立足硬科技，实现金融资本向技术资本转化，为技术和创新赋能。

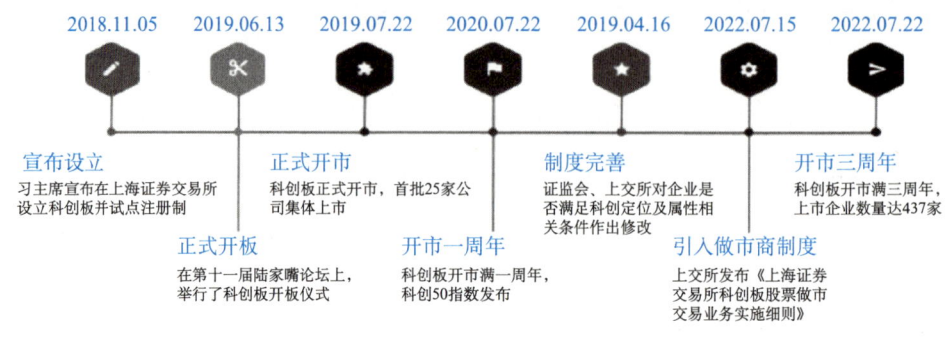

时间	事件	说明
2018.11.05	宣布设立	习主席宣布在上海证券交易所设立科创板并试点注册制
2019.06.13	正式开板	在第十一届陆家嘴论坛上，举行了科创板开板仪式
2019.07.22	正式开市	科创板正式开市，首批25家公司集体上市
2020.07.22	开市一周年	科创板开市满一周年，科创50指数发布
2019.04.16	制度完善	证监会、上交所对企业是否满足科创定位及属性相关条件作出修改
2022.07.15	引入做市商制度	上交所发布《上海证券交易所科创板股票做市交易业务实施细则》
2022.07.22	开市三周年	科创板开市满三周年，上市企业数量达437家

图1-6　上市制度发展历程

第五套标准重拳出击，创新药企迎来上市新契机

伴随着我国资本市场深化改革发展，科创板正在成为新兴的具有全球竞争力的生物医药上市中心。一直以来，由于一款新药的研发投入高、周期长且风险大，药企的新药研发过程路漫漫其修远，盈利拐点的迟滞也让医药研发企业在A股市场难以落地。2019年6月13日，科创板首开A股注册制改革先河，其中第五套标准的出台，更是放开了对盈利指标的限制。借助这股东风，诸多药企纷纷转战科创板，根据Wind数据统计，截至2022年7月22日，目前已上市的439家科创板公司中生物医药行业占比高达21%。

科创板在第五套标准中规定医药行业企业需至少有一项核心产品获准开展二期临床试验，且预计市值不低于人民币40亿元即可申请科创板上市。2020年1月23日，泽璟制药，作为一家"无产品、无收入、无利润"的三无公司，顺利上市登陆科创板，成为第一家适用科创板第五套标准成功过会的生物药企。2022年6月10日，上海证券交易所发布实施《上海证券交易所科创板发行上市审核规则适用指引第7号——医疗器械企业适用第五套上市标准》，进一步细化明确了科创板第五套上市标准的适用情形，支持尚未形成一定收入规模的"硬科技"医疗器械企业在科创板发行上市。海微创电生理医疗科技股份有限公司作为第一单适用于科创板第五套上市标准的创新医疗器械公司，其上市申请获得中国证监会的注册批复。

大浪淘沙，药企科创板 IPO 特征初显

科创板开市以来，众多药企"八仙过海，各显神通"，或顺利登科或中途折戟。纵观近 3 年奔赴科创板上市的药企，一些特征已经初显。首先，就细分板块而言，医疗器械类表现突出，根据 Choice 数据库统计，近 3 年顺利登科的 92 家药企中有 31 家属于医疗器械类，占比高达 33%；其次，近 3 年科创板上市药企第一套标准使用频次仍然最高，第五套标准次之。再则，"分拆上市"或成常态。自 2019 年 12 月中国证监会发布《上市公司分拆所属子公司境内上市试点若干规定》后，国内几大资本市场便开启了药企"分拆上市"热潮，各大药企如药明康德、长春高新以及辽宁成大等均加入其中，"A 拆赴港""港拆赴 A""A 拆赴 A"，各大招式层出不穷。究其原因，除了剥离非核心业务外，分拆出来的子公司更能轻装上阵，且属性与科创板属性更为相符，更能满足"硬科技"属性。

正如前文所述，资本市场的江湖跌宕起伏，药企 IPO 在经历过一番"狂热"后，目前正趋于喧嚣之后的沉淀，相关现象在科创板尤为突出。一方面，从 2021 年下半年开始，科创板药企"破发潮"持续发酵，根据 Choice 数据统计，截至 2022 年 7 月 22 日，科创板数家药企加入了破发行列。随着注册制改革的逐步深化，药企上市破发的频繁发生正在倒逼报价市场回归理性，重新审视创新药企的估值；另一方面，科创板上市标准收紧，门槛抬高，药企 IPO 速度放缓，终止、撤回等数量上升，"独立自主研发能力""技术先进性""企业财务数据状况"等相关问题受到关注，成为诸药企在上市审核过程中屡被质疑的痛点。

5. 18A 生物科技企业 IPO 特征

2018 年 4 月 30 日，港交所做出巨大制度变革，在主板上市规则中新增第 18A 章，对未有收入、未有利润的生物科技企业敞开了资本之门。此后 4 年间，众多生物医药企业通过该规则进入了人们的视野；截止至 2021 年年底，已有 48 家企业通过 18A 上市成功，其中约有 75% 左右为新药企业，涵盖肿瘤、自身免疫性疾病、眼科、疫苗、细胞治疗、糖尿病、传染病、呼吸系统疾病和罕见病等9大领域；医疗器械企业有13家，占26%，集中在血管介入、神经外科、分子诊断、诊疗设备等方面。

18A的主要上市条件中，主要要求：①证明其合资格及适合以生物科技企业的身份上市；②上市时的市值至少达15亿港元；③上市前已由大致相同的管理层经营现有的业务至少两个会计年度；④确保申请人有充足的营运资金（包括计入新申请人首次上市的所得款项），足可应付集团由上市文件刊发日期起至少十二个月所需开支的至少125%。

对于企业如何证明其合资格及适合以生物科技企业的身份上市，主要依照以下几点进行判断：

①至少有一项核心产品已通过概念开发流程，产品类型包括药剂（小分子药物），生物制剂，医疗器材（包括诊断器材）以及其他生物科技产品，该产品须由EMA（欧洲药品管理局），FDA（美国食品和药物管理局）或NMPA（中国国家食品药品监督管理总局）等主管当局认可管理；

②主要专注于研发与开发核心产品；

③上市前最少12个月一直主要从事核心产品的研发；

④上市集资主要用于研发，以将核心产品推向市场；

⑤申请人应在首次公开招股至少6个月前，已得到至少一名资深投资者相当数额的投资。

从以上上市条件中不难看出，18A与传统的上市规则主要区别在于：

①18A并不要求企业展现其当前的盈利能力，也没有要求企业通过年现金流量或者收益来展现其整体规模，甚至对企业管理层稳定性的年限要求也短于传统的上市规则；

②18A也并不要求企业目前已有上市的核心产品，表面上看起来也不看重这些核心产品日后实际将为企业带来的收益，仅要求企业拥有核心产品的研发管线，且已通过临床I期试验即可。但在实务操作过程中，企业IPO折戟的主要原因通常为联交所对企业的核心产品出现了各种各样的质疑；

③18A 格外关注企业的持续经营能力，但是传统的上市规则中，通常不会对企业的经营持续性提出质疑。这也是由 18A 的企业特性带来的。众所周知，研发活动是极其烧钱的，企业能坚持到其产品上市，带来盈利的那天，才能为投资人带来确实的收益。

通过以上分析我们不难看出，18A 的出世，目的不仅在于为市场上的热钱寻找出口，也是为国内众多创新药械研发的中小企业创造了一片蓬勃生长的沃土，为企业描绘了一幅"只要拥有足够优秀的核心产品，就能为股东带来超额收益"的美好蓝图。不可否认，18A 的发布，确实引起了一阵长时间的投资及上市热潮，然而经过四年的沉淀后，18A 也似乎迎来了寒冬。2022 年新上市的企业数量较 2021 年大幅下降；正在进行 IPO 的企业要么一直延长其 IPO 进程；要么已经陷入岌岌可危的境地。

这股寒潮到底是怎么产生的，企业应当如何度过这场寒潮，正是我们当下应该着眼的议题。

第二章
资本"寒冬"的到来

第一节 先兆、现象

1. 估值溢价

股票溢价，是指上市公司的股票交易价格相较于其股票的合理估值产生的偏离。理论上而言，在均衡市场中，股票的市场交易价格应该等于其投资价值，但现实中股价一般以投资价值为轴心进行上下波动，而当股价高于投资价值时，便产生了股票溢价。股票溢价的产生可以归为理性因素和非理性因素两类，理性因素包括上市公司良好的发展能力带来的成长性溢价、板块上市资源需求大于供给带来的稀缺性溢价等；非理性因素则包括投资者高涨的乐观情绪带来的非理性投资、人为投机炒作哄抬股价、上市公司包装上市或披露缺陷等产生的信息不对称导致的估值偏离等[①]。

资本市场分为一级市场和二级市场。相应的，资本市场的泡沫也可以分为一级市场泡沫和二级市场泡沫。一级市场泡沫是发生在股票发行市场上的泡沫，通常以发行价格虚高，发行市盈率远远超过二级市场相同板块品种的平均水平，大量资金涌入发行市场等表现出来。二级市场泡沫则是股票交易市场上的泡沫，也就是人们通常所说的股市泡沫。一级市场如果发生泡沫，最直接的后果是将泡沫输送到二级市场，并进一步扩大。而一级市场泡沫的破裂，一般

---

① 陈柏为：《中国科创板市场股票溢价研究》，广西大学，2020年。

通过二级市场泡沫破裂来实现。

在西方发达的资本市场上，二级市场能够向一级市场反馈信息，从而对一级市场的发行者和投资者产生重要的影响，并形成一定的约束机制，因此，通常很少出现一级市场泡沫。但是在中国的新股发行市场，新股发行定价并非公允有效的价格，而是偏离了其基础价值，由此可能产生泡沫。

新股发行是股票市场正常运行的起点，也是股市泡沫产生的源头；新股上市的首日通常价格会进一步推高且交易量非常大，可能使得新股发行产生的泡沫进一步膨胀。相应的，新股上市首日交易的过程中产生的泡沫被称之为IPO泡沫，即股票在全过程中产生的泡沫。

所谓IPO泡沫，是股票的交易价格脱离了其基础价格，超常规的上涨。对于IPO股票而言，其交易价格是进入二级市场流通的价格，即上市首日的交易价格，这一天的交易价格能充分反映投资者的行为。IPO股票的基础价值则是股票在发行时点的真实的内在价值，而不是发行定价，发行定价并不能反映IPO股票的基础价值。

IPO泡沫产生的原因是IPO过程中的两重偏离。第一重偏离是新股发行定价偏离了其基础价值，第二重偏离是新股上市首日的交易价格偏离了发行定价。第一重偏离由于是在新股定价过程中发生的，故称之为发行定价泡沫；第二重偏离是在上市首日发生的，故称之为上市首日交易泡沫或首日交易泡沫[1]。

2. 企业上市破发

2015年以来，伴随着医药行业审评审批制度的改革，国内生物科技企业的创新热情被点燃，大量的企业投身创新药、创新医疗器械等研发，在资本的加持下，不少还未真正实现盈利的生物科技企业就提前享受到市场的高估值定价。

然而值得注意的是，在经历了估值快速发展后，从2020年开始，生物医药行业部分企业开始出现一、二级市场估值倒挂的现象。以港股IPO公司为例，

---

[1] 丁度：《中国资本市场IPO泡沫及影响因素研究》，南京大学，2011年。

2020年港股按照18A标准完成IPO上市的生物医药公司有13家，曾经破发的有7家，和铂医药和药明巨诺IPO当天就破发，永泰生物IPO之后的第20天破发。

而进入2021年，A股及港股生命科学与医疗健康行业二级市场迎来史无前例的震荡调整。其中尤以两地市场2021年下半年频繁的新股首日即破发引人关注。2021年下半年登陆港股的生命科学与医疗健康行业企业中，有13家企业首日破发，占下半年全部上市生命科学与医疗健康行业企业的65%。13家首日破发企业中，有11家为未有收入的生物科技公司（"18A"公司），占到整个首日破发企业的85%。这一情况并未在随后的交易日得到明显改善，同样以2021年下半年港股上市的生命科学与医疗健康行业企业为样本，年末股价低于发行价的企业为14家，占比70%。这14家企业中，同样有11家18A公司在列，占年末低于发行价企业的79%。港股生命科学与医疗健康行业IPO破发比率为历年少见。

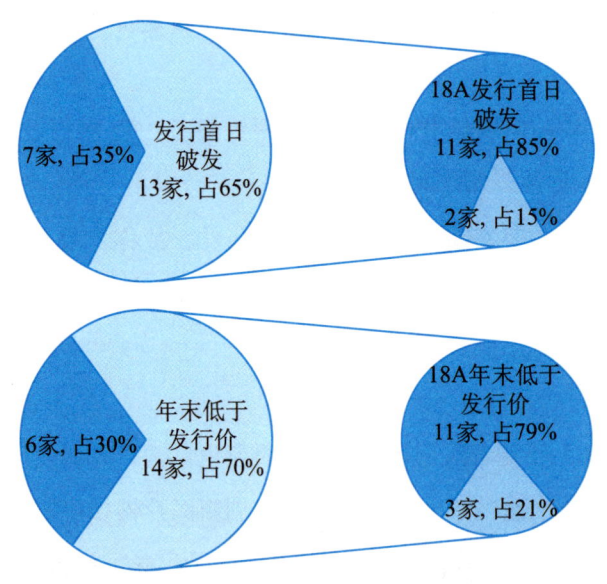

图 2-1　2021年H2港股新股首日破发及年末低于发行价统计

数据来源：Wind，安永研究院整理

生物医药行业面临的挑战在2022年延续，新股上市破发仍然频繁发生，估值加速去泡沫化，明星上市公司、明星医药基金双双调整，生物医药行业似乎正迎来"至暗时刻"。在238家发布2021年业绩预告的生物医药行业上市公司中，有29家预计业绩首亏，18家预计业绩续亏，36家业绩预减（其中有10家预计业绩略减）。

3. 同质化竞争、靶点扎堆状况分析

近年来，虽然国内生物药获批数量逐年上升，但创新度仍然不足，创新药研发仍以热门靶点为主，同质化严重，赛道非常拥挤。有些热门靶点（如PD-1、PD-L1、BTK等）很多企业都在做，甚至100多家企业挤在一个赛道，有相当的盲目性。而实际上，可供选择的靶点非常多，抗体分子就有约1500个靶点，其中近400个靶点已有药物在开展临床试验，而国内企业在做靶点可能只有三四十个。据统计，中国有225家企业开展了超200余种靶点的国际化进程，而肿瘤领域占比超60%为主要趋势，其次为感染、代谢及呼吸系统疾病。不难看到，肿瘤治疗药物是中国新药研发的主要领域[①]。

（1）近3年新药临床试验品种的作用靶点分析

根据2021年《中国新药注册临床试验进展年度报告》，我国药物临床试验登记与信息公示平台年度登记总量首次突破3 000项，为该平台上线以来年度登记总量最高，较2020年总体增长近30%，且新药临床试验占比在近三年亦呈现逐年增长趋势，2021年已超过60%。新药研发仍以早期临床试验为主，Ⅰ期临床试验占比最高，均超过40%。

按药物品种统计，2021年登记临床试验的前10位靶点分别为PD-1、PD-L1、VEGFR、HER2等，品种数量分别多达71个、59个、46个、43个（以"受理号"字段不重复计数），其中5个靶点（PD-1、PD-L1、HER2、EGFR和CD3）的药物适应症超过90%集中在抗肿瘤领域，4个靶点（PD-1、PD-L1、HER2和EGFR）的药物适应症全部集中在抗肿瘤领域。

---

① 《中国创新药走到哪一步？困境如何破？》，新浪医药，2021年。

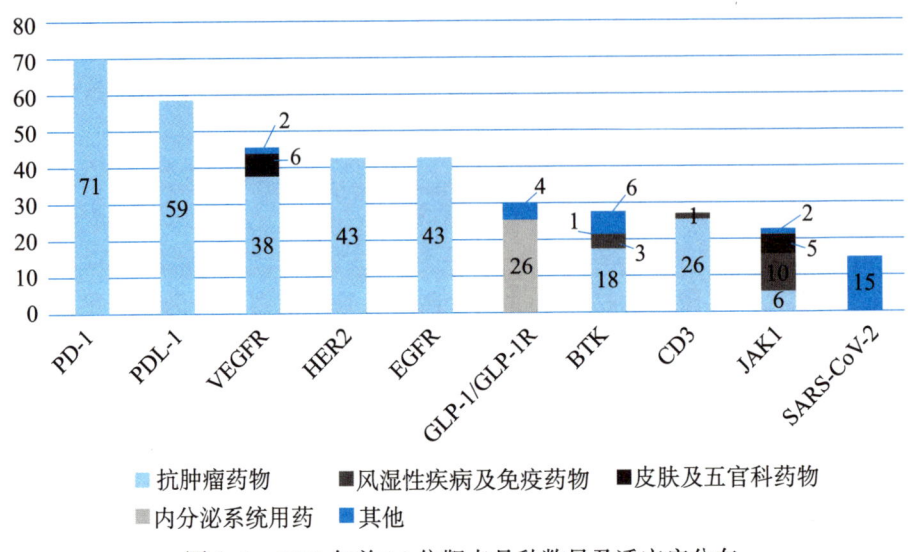

图 2-2　2021 年前 10 位靶点品种数量及适应症分布

数据来源：CDE，编者整理

按临床试验数量统计，2021年临床试验数量最多的前10位靶点分别为PD-1、PD-L1、HER2、EGFR等，分别多达84项、68项、57项和53项；其中PD-1和PD-L1靶点Ⅲ期临床试验分别高达36项和21项。另外，4个靶点（VEGFR、GLP-1/GLP-1R、JAK1和CD3）的药物临床试验中Ⅰ期临床试验占比均超过40%，Ⅱ期临床试验在各靶点中的占比在8%～37%之间。

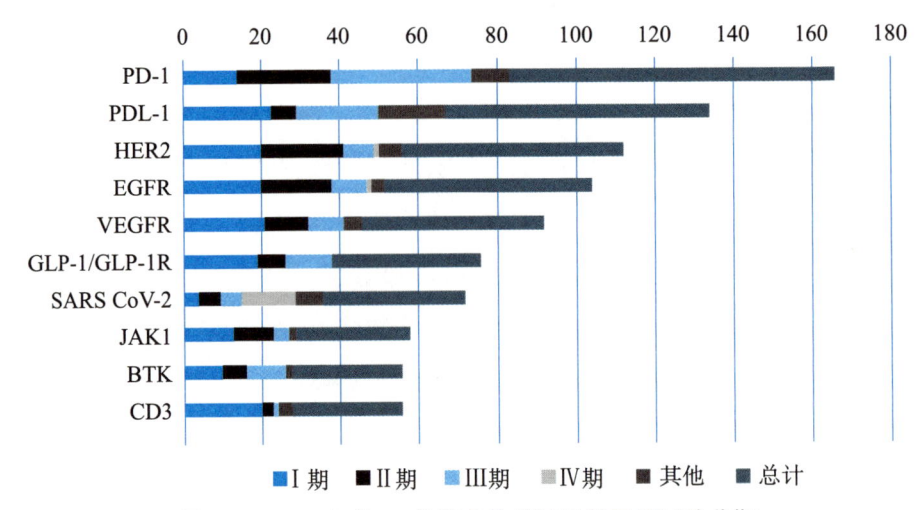

图 2-3　2021 年前 10 位靶点临床试验数量及试验分期

数据来源：CDE，编者整理

对比近三年数据分析，无论是按药物品种还是临床试验登记数量统计，药物作用靶点仍相对集中，其中 PD-1 和 PD-L1 尤为突出，适应症也主要集中在抗肿瘤领域。从试验分期分析，PD-1 和 PD-L1 靶点Ⅲ期临床试验的比例亦高于其他靶点；其他靶点仍主要以Ⅰ期临床试验为主。

总体而言，2019—2021 年，化学药和生物制品的临床试验均以抗肿瘤药物为主，历年占比均超过 30% 和 40%。2021 年化学药抗肿瘤药物试验数量为抗感染药物试验数量的 5.3 倍（422∶79）；生物制品抗肿瘤药物试验数量为预防性疫苗试验数量的 3.1 倍（406∶131）。药物作用靶点亦相对集中，其中 PD-1 和 PD-L1 尤为突出，其Ⅲ期临床试验的比例高于其他靶点[①]。

从靶点类型来看，CD 家族占比较高，其中 CD47、CD137、CD20 等排名靠前；在技术类型上，小分子药物虽然是主力，但各个靶点下呈现了更加多样化的技术发展，预示当前中国创新药对靶点理解深度有所提升且对药物开发的技术运用更加成熟。

（2）细分领域靶点研究情况

小分子靶向药

根据丁香园 Insight 数据库 2021 年小分子靶向药临床统计数据，国内进入临床试验的药品依旧集中在化药及其创新药。2021 年小分子靶向药临床试验受理数量排名前 10 的公司，分别为恒瑞医药、石药集团、东阳光药业、正大天晴、海创药业、贝达药业、和记黄埔、豪森药业/翰森生物、石药集团/四川大学、轩竹生物。

小分子靶向药临床试验前 10 的靶点分别是：DPP4、BTK、CDK4/6、PDE5A、URAT1、KRAS G12C、MET、SGLT2、AR、JAK1。2011 年，贝达药业的国产小分子靶向口服药物凯美纳上市后，国内肺癌小分子靶向口服药物市场在和记黄埔、上海艾力斯医药、贝达药业、豪森药业、正大天晴的推动下 1 类新药快速发展，近 10 年我国已批准 13 个肺癌小分子靶向口服药物上市。

---

① 国家药监局药审中心发布《中国新药注册临床试验进展年度报告（2021 年）》。

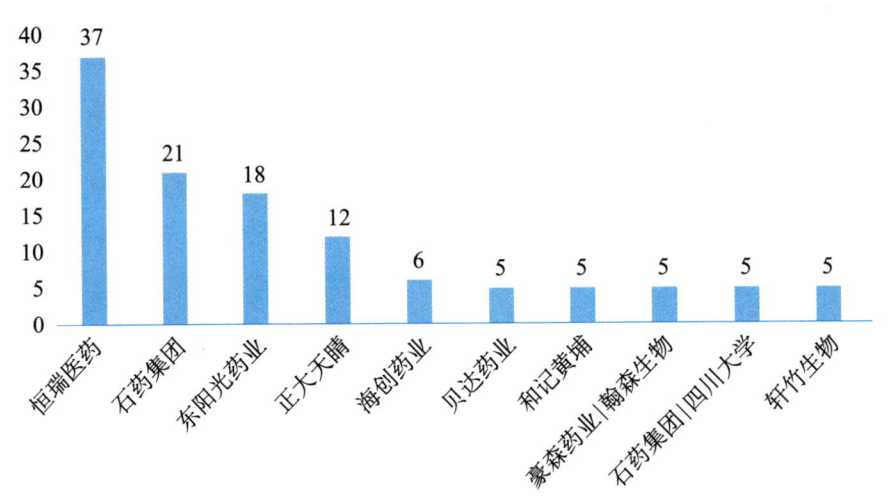

图 2-4 2021年小分子靶向药临床试验受理数量排名前10的公司

数据来源：公开资料，安永研究整理

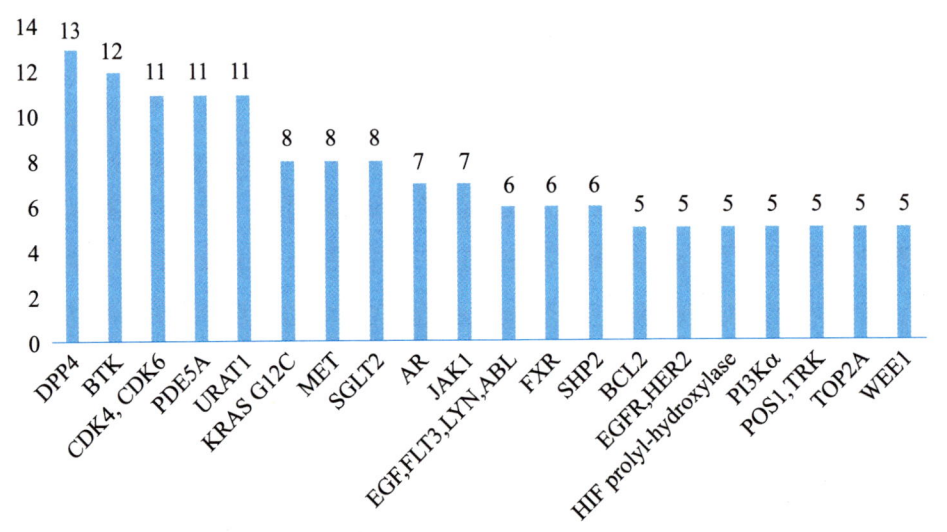

图 2-5 小分子靶向药临床试验重点布局靶点

数据来源：公开资料，安永研究整理

小分子靶向药在肿瘤领域应用已经较为成熟，在研数量较多，且发展阶段已处于偏中后期阶段，但在免疫炎症用药方面，小分子靶向药的研发也逐渐崛起。该类产品靶点方向多为 TKI，如 JAK、BTK 等。

目前，小分子靶向药的临床试验适应症疾病领域前五分别是肿瘤、内分泌系统和代谢性疾病、感染性疾病、循环系统疾病、神经系统疾病等。

- 肿瘤
- 内分泌系统和代谢性疾病
- 感染性疾病
- 循环系统疾病
- 神经系统疾病
- 消化系统疾病
- 免疫系统疾病和骨骼肌肉系统疾病
- 呼吸系统疾病
- 五官科疾病

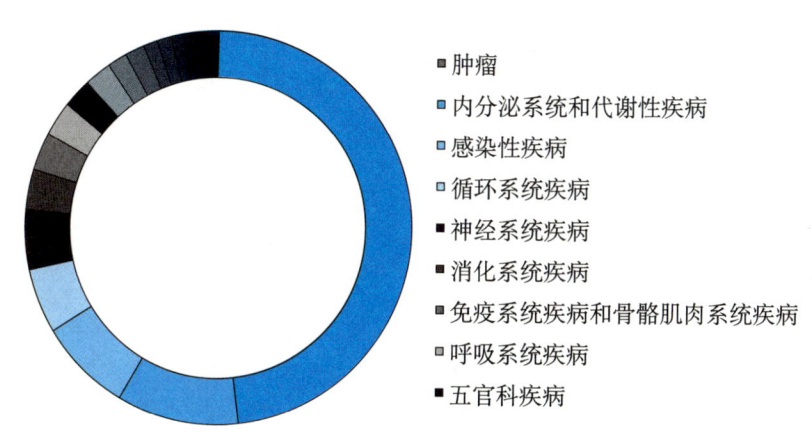

图 2-6　临床试验适应症疾病领域分布

数据来源：公开资料，安永研究整理

抗体药物

截至 2021 年 12 月，国内已有 11 款 PD-1/PD-L1 抗体获批上市，其中国产产品 7 款，进口产品 4 款，获批适应症 1～8 种不等，并在持续扩展当中；另外，已有超 100 种 PD-1/PD-L1 产品进行临床试验登记，竞争激烈，也存在同质化严重等问题。目前国内生物制药企业布局如下：恒瑞医药已布局 PD-1、PD-L1、LAG-3、CD47、TIM-3、OX40、A2aR 等 7 个靶点，其中 PD-L1 单抗已在Ⅲ期临床阶段；信达生物已布局 PD-1、CTLA-4、LAG-3、CD47、TIGIT、OX40、GITR 等靶点，其中 CTLA-4 单抗已在Ⅲ期临床阶段；百济神州已布局 PD-1、PD-L1、CTLA-4、TIGIT、OX40、TIM-3 等靶点，其中 TIGIT 单抗已在Ⅲ期临床阶段。

抗体偶联药物的临床结果和潜在商业价值助推了企业间的交易并购热情，吸引了行业广泛关注。除 ADC 外，还包括 RDC、SMDC、PDC、ISAC、FDC、

ACC、VDC、AOC、ABC 等。不仅如此，ADeC、Pro-DC 等新技术形式仍在不断出现。从研发靶点看，全球活跃的 ADC 药物中，HER2、Trop2、EGFR、Claudin 18.2 为布局的热门靶点，布局 c-MET、Mesothelin、Nectin-4 等靶点的药物均不超过 5 个，靶点挖掘潜力巨大。目前全球有超过 100 多种 ADC 正在进行临床试验。大多数 ADC 已进展到临床 II 期。截至 2021 年 10 月全球目前已有 14 款上市的 ADC 药物，领域主要集中在血液瘤和实体瘤方面，且主要是用于患者的后线治疗，包括晚期、复发／难治性以及转移性的肿瘤适应症。国内企业针对 ADC 也多有布局，承办临床试验机构多分布于北京和上海。

细胞与基因疗法

CAR-T 疗法中已有上市产品的成熟靶点 CD19 和 BCMA 的开发品种占比超过 80%，针对实体瘤开发的 Claudin 18.2、GPC3 等靶向疗法，已经有本土药企向 CDE 提交了临床注册。截至 2021 年 12 月，全球已经有 21 款干细胞产品获批上市，分布于美国、欧盟、韩国、加拿大、澳大利亚和日本等地。目前全球获批的造血干细胞疗法 10 种、间充质干细胞产品 10 种，国内目前尚无获批的干细胞疗法，根据 CDE 公示信息，截至 2021 年 12 月，共有 19 个干细胞新药项目开展临床试验。CAR-NK、TIL、TCR-T 等疗法国内虽不及抗体药、偶联药物火热，但现已有多款产品申请临床或获批。其中 TCR-T 产品目前全球尚未有获批上市，截至 2021 年 12 月国内，CDE 共批准 1 项 TCR-T 临床试验，适应症为以软组织肉瘤为主的晚期恶性实体瘤。在研最多的靶点是 NY-ESO-1、TAA、MSLN、EBV、GPC2/3。

从 1998—2019 年的基因治疗 IND 申请产品类型看，最初的遗传物质递送主要通过质粒。随后使用腺病毒，逆转录病毒的临床试验申请数量逐渐增加。近年来，腺相关病毒、基因编辑技术，以及其他各类创新递送系统的应用占比逐渐提升，行业技术迭代在不断加速。2021 年以来，国内已有 3 家企业的基因治疗产品进入临床试验，FDA 批准了 2 款基因治疗产品，Spark therapeutics 针对 RPE65 突变相关视网膜营养不良病症的 Luxturna，以及诺华针对脊髓性肌肉萎缩症的 Zolgensma。

PD-1 的起起落落

1992 年日本科学家首次发现免疫球蛋白 PD-1，1999 年华人科学家首次发现 PD-L1，并于 2002 年进行了 PD-1 和 PD-L1 的单抗阻断实验，2014 年全球首款 PD-1 抗体在日本获批，2018 年 6 月国家药品监督管理局批准首个进口 PD-1 药物，同年 12 月首个国产 PD-1 获批上市，2019 年国产 PD-1 药物进入医保目录价格降幅达 63.7%[①]。

自 2018 年 PD-(L)1 药物引入国内以来，就掀起了一阵研发热潮。由于 PD-(L)1 靶点在国内没有相关专利的限制，而又是国外已经经过临床验证的肿瘤靶点，研发风险较小，因此随着港交所 18A 的规定颁布，大量创新药企业乘着东风吸引了大批资金，导致越来越多的研究项目同质化。而国内在创新这条道上仅仅只想着做 Me-better 甚至是 Me-too，像 2019 年默沙东在治疗 PD-L1 阳性胃癌关键性Ⅲ期临床试验失败后，国内相关药企也暂停了 PD-1 药物治疗胃癌Ⅲ期的临床试验，作为跟随者同样的药物做相同适应症的临床试验，不仅造成了资源的浪费，也失去了创新的意义。

第二节　催化

资本市场迎来的突变，在不同交易所表现各异，而究其深层原因却有着一定的共性。

1. 不同股市市场表征现象

（1）港交所

统计显示，2020 年在港交所上市的医药生物企业达 22 家，数量超过 2019 年全年。

[①]《2022 年中国 PD-(L)1 抑制剂赛道概览》，头豹研究院，2022。

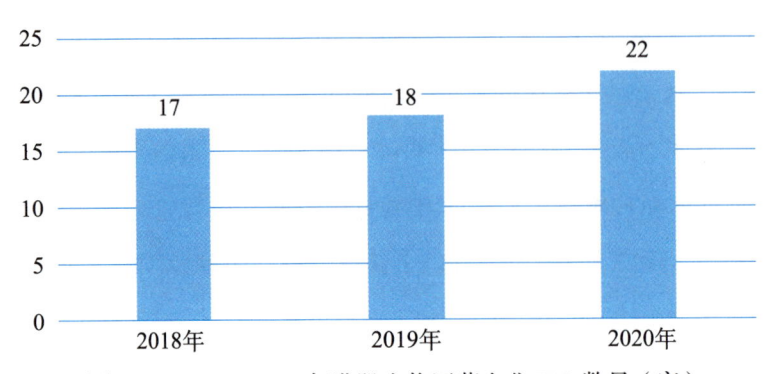

图 2-7 2018—2020 年港股生物医药企业 IPO 数量（家）

数据来源：Wind，编者整理

从募资来看，22 家企业首发募集资金净额合计 834 亿港元，平均募资净额约 38 亿港元，相较于 2019 年均翻了一倍有余，单笔募资额度明显增加。

2019 年，在港交所上市的 18 家企业中，首发募资金额最高的企业为翰森制药，募资净额约为 76 亿港元。此外，康龙化成、复宏汉霖、锦欣生殖、启明医疗、基石药业 5 家企业首发募资净额在 20 亿港元以上，6 家企业募资净额低于 10 亿港元。而 2020 年 IPO 企业中，仅京东健康一家企业募资净额就超过 260 亿港元，与此同时，泰格医药首发募资净额也高达约 103 亿港元，另有再鼎医药、海普瑞、荣昌生物、先声药业、嘉和生物、诺诚健华等 13 家企业首发募资净额都在 20 亿港元以上，首发募资净额低于 10 亿港元的企业只有 2 家。

从市场表现来看，2019 年在港交所上市的 18 家企业中，仅有康希诺生物一家企业上市首日涨幅超过 50%，有 5 家企业首日破发。而 2020 年在港交所上市的 22 家医药生物企业中，欧康维视生物、京东健康、康方生物等 6 家企业上市首日涨幅超过 50%，永泰生物、荣昌生物等 4 家企业首日涨幅超过 30%，4 家企业上市首日破发，整体情况好于 2019 年。

（2）上交所科创板

2020 年是科创板开板的第二年，也是其运行的首个完整年度。截至 12 月 31 日，2020 年在 A 股 IPO 上市的医药生物企业共 42 家，首发募集资金净额合计约 520 亿元，其中在科创板上市的企业有 28 家，占全部企业数量的比例超过65%，首发募资净额合计约390亿元，占比约为75%。无论是从企业数量占比还是首发募资净额合计占比来看，科创板都已成为A股医药生物企业的IPO"重地"。

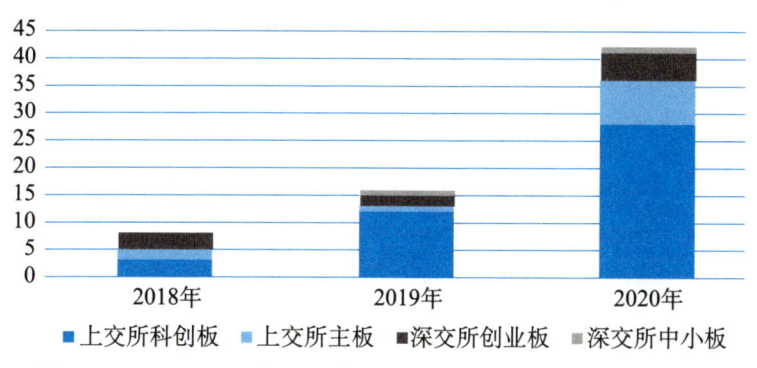

图2-8 2018—2020年A股各板块生物医药企业IPO数量（家）

数据来源：Wind，编者整理

不过，从单笔募资额度来看，科创板明显低于港交所。28家企业中，除康希诺、君实生物首发募资净额在40亿元以上，其余企业除悦康药业外，首发募资净额均在20亿元以下。

从细分行业分布来看，2020年在科创板上市的医药生物企业中，医疗器械企业数量最多，有10家，占比超过三分之一。其次为生物制品和化学制剂，各有8家。

此外，相比于港交所，在科创板上市的医药生物企业上市首日市场表现明显较好，28家企业中，除悦康药业首日涨幅为29.88%外，其余都在30%以上，其中爱博医疗、天智航、东方生物首日涨幅超过500%。

（3）深交所创业板

从市场结构来看，创业板设立的初衷即服务高新技术企业，包括医药生物等在内的战略性新兴产业集聚效应明显。2020年6月，创业板注册制改革正式落地后，进一步提升了市场的包容性。根据最新修订的创业板股票上市规则，实施注册制后的创业板在发行上市条件方面设定了5套上市标准，其中之一为"预计市值不低于50亿元，最近1年营业收入不低于3亿元"。尽管相对于科创板而言要求仍比较严格，但进一步放宽了对盈利的要求，对于包括医药生物在内的科技类企业在创业板上市有推动作用。

统计显示，2020年8月24日注册制改革落地后首批登陆创业板的18家企业中，2家为医药生物企业。其中，康泰医学上市首日涨幅超过10倍，创2020年医药生物企业上市首日涨幅新高。整体来看，2020年在创业板上市的医药生物企业共5家，相比于2018年和2019年（各2家）数量有所提升。另据深交所网站披露的信息，目前有20多家医药生物企业创业板上市申请处于审核阶段。

2. 深层原因

（1）港股18A上市规则

2018年4月，香港联合交易所在主板上市规则中新增第18A章《生物科技公司》，允许未有收入、未有利润的生物科技公司提交上市申请，由此，创新药、罕见病治疗、高科技医疗器械等领域的企业如雨后春笋般登陆联交所，呈现出多元性、前沿性的局面，吸引着更多有潜力的生物科技公司选择联交所上市。

截止到2022年1月25日，2018年以来共有48家公司通过18A规则实现上市，23家公司处于递表（即处于聆讯阶段）状态。在上市前融资方面，18A公司发行前融资频率高，估值增长突出。具体而言，已上市的18A公司中，有39家公司上市前的融资轮次多为2轮至6轮，在18A公司中占比高达84.78%。其中，上市前融资轮次最多的公司是启明医疗（02500.HK），有12轮融资。

上市前估值增幅在10—50倍间的公司最多有16家，18A公司发行估值较最后一轮融资均有不同程度增长。其中，增长幅度最高为康宁杰瑞制药（09966.HK），发行估值较最后一轮增长高达66.26%。

此外，18A公司递表至发行时长相较其他公司普遍要短。据《报告》统计，已上市18A公司中（中概股回归除外），按首次递表日期至招股首日计算，递表周期的平均时长约127天（自然日，下同），其中递表周期最长的是永泰生物（06978.HK），时长为 301 天，递表周期最短的是欧康维视生物（01477.HK），时长为 61 天。

从已上市公司的自身积淀看，平均设立时长为 8 年。设立时长最长的公司中国抗体（03681.HK），为 18 年；设立时长最短的是 3 年，包括云顶新耀（01952.HK）和欧康维视生物。

在上市后融资方面，18A 上市公司格外受投资者青睐。在已上市的 48 家公司中，募集资金占同期港交所总募集资金的 9.16%。其中，百济神州（06160.HK）募集资金最多，为 70.85 亿港元；募集资金最低的是亚盛医药（06855.HK），约 4.17 亿港元。

（2）带量采购和医保谈判

生物科技行业在资本市场从受追捧，到遇冷，拐点之一是带量采购和医保谈判这一套"组合拳"，国家组织药品集中带量采购政策主要是对竞争充分的且通过一致性评价药品超过 3 家的，采取以量换价的策略，降低药品价格。国家医保谈判药品政策主要是对重大疾病、罕见病患者所需药品难以买到难以报销的问题，采取的谈判降价纳入医保的准入性谈判，重点将临床价值高、价格合理、能够满足基本医疗需求的药品纳入目录，最大限度地满足参保患者的切身权利。

2022 年第七批国家组织药品集中带量采购共有 60 种药品采购成功，平均降价 48%。2020 年的国家医保药品目录谈判成功率达到了 73.46%，谈判成功的 119 种药品平均降价 50.64%[①]。带量采购和医药谈判可能会对整个医疗医药板块造成情绪上的打压，压制企业短期内的利润，尤其是临近带量采购或者价格打压厉害的细分板块，股价会受到较大的冲击。

（3）《以临床价值为导向的抗肿瘤药物临床研发指导原则》

另一拐点是从国家药监局药审中心下发《以临床价值为导向的抗肿瘤药物临床研发指导原则》征求意见通知后开始的。2021 年 11 月 19 日，国家药监局

---

① 《第七批国家组织药品集采拟中选药品平均降价 48%》，新华社，2022 年 7 月 12 日。

药审中心已发布了《以临床价值为导向的抗肿瘤药物临床研发指导原则》正式文件，确定了研发立题和临床试验设计，应该以临床需求为导向，实现患者获益的最大化。在涉及临床对照药物部分，《指导原则》提出，应尽量为受试者提供临床实践中最佳治疗方式/药物，而不应为提高临床试验成功率和试验效率，选择安全有效性不确定，或已被更优的药物所替代的治疗手段。

这份《指导原则》的落地，意味着创新药审评审批门槛在提高，也引发了各方在反思创新药的同质化竞争问题。意见稿出来后，A股以及港股市场中的不少医药股一度纷纷出现大跌局面。资本市场对创新药的游戏规则在发生改变。监管层面上审批趋严，有利于整个创新药行业往规范化方向发展，投资方对待医药股态度更加理性，在热门靶点上减少了重复投资，造成了生物科技行业在资本市场的动荡。

第三章
一线声音

第一节 对话交易所

陆辰羲 市场资深研究专家，著有《中国股票 T+0 交易机制理论与实证研究》

问：您对生物医药目前所处外部环境作何评价？

答：生物医药行业是 21 世纪最具活力的新兴行业之一。当前，人口老龄化已经成为全球普遍现象，叠加人们健康意识的增强和健康消费的升级，广泛增长的市场需求正不断地为生命科学与医疗健康行业带来变革。与此同时，席卷全球的新冠疫情让各国愈发重视在生物医药行业的战略布局，关乎人民群众生命健康的科技创新领域逐步成为大国竞争的主战场。

生物医药行业涉及国计民生、医疗安全和经济发展，具有重大的战略意义和现实意义，近年来受到各级政府和有关部门的高度重视和重点支持。"十四五"规划纲要明确提出要"全面推进健康中国建设"，将生命科学与医疗健康行业发展提升到新的战略高度。近年来，国家陆续推出药品上市许可持有人制度、两票制、一致性评价、带量采购等政策，规范了市场的发展，有效调动企业研发创新积极性。北京、上海、广东等多个省市均形成了生物医药产业集群，产业发展进入新一轮竞争高峰期。

问：生物医药行业对资本的需求呈现出怎样的特点？

答：生物医药行业具有"高投入、高风险、高产出、长周期"等特点，行业发展固有的不确定性导致该领域很难与传统金融市场结合，而资本市场利益共享、风险共担的特征则与之高度匹配。

一方面，资本市场可以通过股权债权投资融资、并购重组等各种市场化机制安排，把各类资金精准高效转化为资本，促进要素向最有潜力的领域协同集聚，提高要素质量和配置效率；另一方面，资本市场能够形成有效的激励约束机制，充分激发人的积极性创造性，加快创新资本形成，促进科技、资本和产业高水平循环。

问：中外资本对生物医药行业的作用有何异同？

答：从美国生物医药行业发展经验看，资本市场起到了重要推动作用。在美股市场，生物医药行业市值超过7.3万亿美元，占比13%，仅次于信息技术行业。资本市场不仅培育出强生、辉瑞、默克、诺华、礼来等生物医药巨头，还聚集了一大批尚未产生稳定收入和现金流的中小型及创业型医药企业。资本市场高效的优胜劣汰机制加快了企业的更新迭代，从而使美国生物医药行业始终走在创新的前沿。

近年来，资本市场对我国生命科学与医疗健康行业的支持力度明显加大。2018—2021年间，内地生命科学与医疗健康企业IPO数量合计236家，融资规模超过4 000亿元，较2014—2017年分别增长1倍、4倍。特别是2019年以来，随着境内资本市场改革持续推进，生命科学与医疗健康企业境内上市的制度环境明显改善。科创板采用多套上市标准，对尚未形成收入、业绩亏损的生物医药企业提高了包容度。截至2022年4月末，科创板已有92家生物医药企业，市值达到6 000亿元，其中15家在上市时未盈利、4家在上市时无收入。科创板汇聚了君实生物、百济神州、康希诺等生物医药领先企业，板块集聚效应和示范效应正逐渐显现。不断优化的资本市场环境便利了PE和VC退出，缩短风险投资循环周期，实现风险资本和股票一二级市场良性互动，促使更多风险资本投入生命科学与医疗健康行业。

第二节 企业视角

生物医药贴近人类生命的长度与质量，被称为永远的朝阳产业，是新一轮科技革命和竞争的焦点赛道之一。然而2022年，全球生物医药领域投融资事件数和融资总额均有所下降。作为最具成长潜力未来产业的生物医药产业正遭受多重"压力"，如何让生物医药产业"穿越时艰"，增强发展的稳定性与活力，实现"逆势突围"，我们咨询了多位生物医药企业的创始人，对此他们有不同的看法。

多数创始人认为，创新是第一要务：

"创新是一个永远存在的刚需，只要真正能够解决问题、有竞争力，不是内卷的，潜在价值就很大。"

"通过产品不同的选择和布局来确定公司的价值基础，尽管在比较有挑战的阶段，依然有投资人看好后续发展提供资金来支持。"

同时，无论是创始人还是投资人，都强调需要找到创新及公司正常运转之间的平衡点：

"资本寒冬是绝大多数初创公司都面临的一个挑战。比如资本市场的周期变化，创新型公司资金如何持续维持运转、维持创新等。对此，我们会匹配好风险与进度，实现创新、风险和进度的平衡，可以让企业能够尽快把成熟的管线产品和创新技术推向临床和市场。"

"我们的孵化逻辑是，先选定创新产品和一些目标适应症，再孵化公司。在孵化的最初就已经对公司发展方向有明确的定位，包括采用何种形式的开发，比如单抗、双抗、双抗ADC、溶瘤病毒、细胞治疗、宠物药、诊断试剂和AI等。"

还有一些创始人认为，目前经历的动荡是生物医药发展的必经之路：

"经济学是有规律的，触底会反弹，登顶会回落。生物医药行业发展跌宕起伏，需要穿越经济周期，过去几年生物医药板块在全球范围过热，估值偏高，目前逐渐步入理性的回调，也需要创业者和投资人思考企业的商业模式。

本次资本理性回调是一个去伪存真、消除泡沫的过程，大家应理性看待。"

"现在大家都说是医药行业投资的资本寒冬，而我认为经过了"非理性繁荣"现在更准确地说是回归理性。"

"在泡沫很大的情况下，给中国创新药也创造两大机会：一是有很多试错机会。二是中国的创新药企业可以做国际多中心的临床。中国的创新药走向世界，确实需要一定泡沫，需要一定钱的支持。"

对于公司价值，创始人群体有着更为清醒的认识：

"对于企业来讲，不论寒冬还是泡沫，投资是建立在公司的价值基础上。通过产品不同的选择和布局来确定我们公司的价值基础，尽管在比较有挑战的阶段，依然有投资人看好后续发展提供资金来支持。"

第四节　投资人视角

华兴资本医疗与生命科技事业部负责人谢屹璟

问：2022年的前两个季度医药及医疗行业在一、二级市场整体表现平平，据您的观察与了解，目前一级市场投资人的想法是怎样的？

答：目前市场还是受宏观影响比较大，包括地缘政治、行业因素、疫情影响等，无论一、二级市场，二级市场反应会更加敏感，相应的消极情绪传导到一级市场，整个生物科技市场的投资温度确实降了很多，也有不少声音说现在已经处在"资本寒冬"的阶段里了。受困于这种想法，不少一级市场的投资人在项目出手上会更加谨慎，频次和单笔金额都有下降的趋势，但我们能看到从去年第四季度以来，资金募集层面还是非常热火朝天的，尤其是投早期阶段的基金。这说明，投资人手里有不少钱，只是对标的公司更加挑剔了。但我们仍旧相信，随着整体形势逐渐向好，风雨会过去的。

问：2022年上半年，就华兴接触的案例来看，企业在融资过程中面临哪些困境？

答：比较大的困境出现在两个层面：一是估值；二是融资体量。对于创始人而言，在公司的发展节奏上，需要及时调整策略面对现实。如何让企业长久地发展下去，比争取单次融资的估值高低更重要。在融资规模不及预期的时候，是否能做到开源节流、精打细算（拓宽资金来源，重新评估研发项目的重要性排序等）、更多的修炼内功（寻求外部合作支持等），在相对逆势的环境下也能保存公司竞争力，也是考验创始人的一大难点。

问：尽管当前市场整体环境复杂，却也不乏一些成功投资案例。在您看来，这些成功案例中投、融双方都做对了什么？哪些行为和决断值得其他同行借鉴？

答：关键词是时机。在关键的时间点做出正确的决定，充分理解投、融资双方的立场（这里不仅仅包含公司和投资人，也包含前几轮次已经参与进来的老股东），相互理解、适当让步，才可能在目前的市场环境下快速达成一致。天下武功，唯快不破，速度很重要，越是震荡的环境，越经不起反复和拖沓。

问：面对当下医疗行业赛道愈发细化的现状和趋势，可否请您向我们分享下您看好的细分赛道或方向？

答：总体而言，我们华兴覆盖的四个大赛道领域——生物医药、创新器械、体外诊断及生命科学工具、智慧医疗领域，都是市场看好的方向，当然我们会非常关注企业是否具有如下的能力：公司是否具有完全的自主创新能力，是否能够全球布局临床，是否有对外合作的案例？公司本身是否具有平台技术能力的积累，以及商业化能力是否能兑现？当然针对一些非常早期的技术或者产业，我们会更加关注团队的凝聚力和执行力。

具体到我们前面提到的四个看好的赛道方向，华兴资本对各个细分领域的关注会有所侧重。一是在医药及生物技术领域，华兴资本在大小分子治疗方面会更加关注疾病治疗和临床视角；在细胞和基因治疗方面，关注下一代拥有落地能力的技术，反映到产品成本和试错成本的工具和平台；在下一代疗法和递送方向，关注专利源头技术、递送工具在不同疾病的平移性和兼容性；理性看待 AI 制药和合成生物学，让其成为增效工具。

二是在医疗器械领域，会深挖大赛道，特别是心血管、骨科市场新机会，找寻具有投资价值的细分赛道标的；潜力赛道则看好眼科、外科微创器械布局和创业的企业。

三是在医疗诊断方面，由于2021年很多细分赛道开始"内卷"，同质化竞争激烈，因此在2022年接下来的时间我们会关注"后疫情""后基因组"的行业发展趋势下，创新能力强、技术壁垒高、长坡厚雪的赛道。

四是在智慧医疗领域，我们会格外关注数字化与科技赋能相关领域，尤其是中国原创及源头创新，也会根据整体医疗体系发展趋势更多关注普惠医疗相关项目。重点方向上会结合国家政策关注脑科学、机器人、人工智能驱动等领域，并关注能在上游关键"卡脖子"环节上有突破性进展的企业。

第四章
海外观察

第一节　欧美等行业发达国家行业周期

1. 医药行业的周期性的强与弱

在经济学理论中，周期性行业是对一般宏观经济条件较为敏感的行业。多年来，生物医药技术行业受到人口老龄化和科学创新加速的双重推动，医药刚性需求突出，受宏观经济影响较小，在二级市场往往被赋予"长坡厚雪"的成长标签，因此一般认为医药行业是弱周期性行业。但是弱周期并不是没有周期，医药行业的周期性往往比投资者想象中强，相关周期性现象在新药研发细分领域更为明显。

首先，为了推动创新和获得药物批准，生物制药研发部门需要大量投资——要么来自公司本身，要么来自政府拨款。就生物制药初创公司而言，现金通常来自风险投资家。新药研发是一个漫长的过程，根据针对2010—2020年期间 FDA 批准的 440 款新药进行的一项数据分析，新药临床开发的时间平均需要 8.3 年[1]。

更重要的是，生物制药研究远非一个线性过程。一方面，新药研发需要有

---

[1] *Nature Reviews Drug Discovery* 21, 2022: 793-794.

大量的资金投入且所需资金的数额越来越多。根据塔夫茨药物开发研究中心的2014年的一项研究，研发每种成功药物的平均成本估计为26亿美元，是2003年的1.45倍[1]。另一方面，新药研发的成功概率一直较低，有研究发现，2011—2020年间，美国新药在临床试验后获批的概率低至7.9%[2]。因此，当资本枯竭时，比如2008年全球经济衰退期间，投资者和风险投资部门能够长期押注并充当新药开发融资对象的功能减弱。同时，由于经济衰退期间公共支出减少，政府也更有可能减少公共健康事业的资金投入，由支付端疲弱导致的需求下降也会对行业产生影响。从这个意义上说，生物制药行业依赖于更广泛的经济周期——使其成为周期性行业。

其次，新药研发的关键是发现新的作用机理或者靶点，所以当基础科研有所突破之后，医药企业会一拥而上去针对新的机理和靶点开发相关药物，从而形成新药研发的周期性，即某一阶段新药会集中出现。比如1992年PD-1以及1999年PD-L1这两个新靶点的发现，吸引国际各大药企纷纷布局，掀起了免疫治疗药物研发的浪潮，也成为君实、信达、恒瑞、百济等众多中国头部药企的布局重点。

相较于医药行业的周期性，更为突出的是该行业投资环境的周期性。许多生物技术投资者受情绪驱动，他们对公司的估值在许多情况下是情绪化的，并不总是由真实的公司基本面决定。新的技术突破往往在初期会让投资者怀揣过于乐观的期望，甚至引发热炒和投机行为。而随着时间的推移，一旦这些创新药在考验面前有所闪失，比如商业化概率降低、商业化结果不如预期等，投资者的信心就会逃离，甚至形成群体性悲观，让医药行业整体投资环境蒙上"阴霾"，误杀很多质地优良的企业。这种趋势导致该行业估值的高点和低点被夸大，形成投资的周期性特征。一般而言，这种周期性的环境伴随着初始估值低迷、进而恢复信心、估值相对稳定、投资者不断涌入的繁荣时期以及投资人立场的干旱时期5个阶段的周而复始。中国生物医药行业的情况也符合这一特征。

---

[1] *Tufts CSDD 2014 Cost Study*, csdd.tufts.edu, 2014.

[2] *2021 Clinical Development Success Rates*, Pharmaintelligence.informa.com, 2021.

（见图 4.1）。

图 4-1 2012—2022 年中国生物医药行业投融资事件数与金额经历周期

数据来源：PEDATA，安永研究整理

当然，是人就会生病，生病就会产生医疗需求，在更为宏观的视角下，健康产业是非周期性的。然而，生物医药行业的研发是一个漫长的过程，很大程度上取决于获得足够的资金来继续进行，而投资者的情绪也会收到总体经济环境的影响，正如 1990—2010 年间受宏观经济影响所引发的美国两次医药行业下行期。

2. 1980—2020 年间美国四次生物医药行业周期

作为全球生物医药行业翘楚，美国在研发管线数量和首发上市新药数量上遥遥领先与其他各个国家和地区。研究美国的生物医药行业周期在当下就显得尤其具有意义，而生物科技公司的发展代表着生物医药的前沿，我们可以透过美国生物科技公司在 1980—2020 年间的四次起伏，了解美国生物医药行业的兴替。

第一次热潮：基因工程的诞生

生物科技行业（Biotech）的出现最早要追溯到 1976 年基因泰克的成立，它是全球第一家专注于生物技术的企业。1973 年，美国科学家赫伯特·韦恩·伯耶（Herbert Boyer）和斯坦利·诺曼·科恩（Stanley Co-hen）的合作研究实现了外源基因拼接在质粒——一种细菌内特殊形式的 DNA——中，并在大肠杆菌中表达。这一开创性成果意味着动物甚至人类的基因都由可以在大肠杆菌中表达，因此具有超强繁殖能力的大肠杆菌将可以作为高等生物目的蛋白质生产的"理想工厂"[1]。基因工程技术从此诞生了。

1976 年，伯耶在风险投资的支持下，创建了基因泰克公司。公司成立的第二年就实现了人类蛋白质——生长激素抑制素——在大肠杆菌中的表达，随后又在短短三年时间里生产出人胰岛素、生长素和干扰素，基因工程技术的潜力为人所知。1980 年美国高等法院批准了基因工程技术专利，很大程度上消除了公众对基因工程技术的担忧，生物医药产业作为一项新兴产业迅速崛起，掀起发展浪潮。基因泰克 1980 年 10 月上市，华尔街和民众对生物科技公司的热情和想象迅速升温。至 1983 年 9 月的近三年时间中，美国共有 15 家生物科技公司上市，融资合计 4.2 亿美元。

1983—1984 年，FDA 分别颁布《罕见病药品法案》和《药品价格竞争与专利期补偿法案》（The Hatch—Waxman Act）。这两条法案为基因药物企业获得 FDA 产品上市批准提供了一条加速通道。但更为重要的是，它们为积极创新的生物科技企业提供税务优惠和专利保护，以鼓励创新企业将研发的重点聚焦于创新药市场，并自此开始了生物科技公司行业的黄金 10 年。在利好政策刺激下，1984 年初，美国生物科技公司的数量就增加至 200 家左右。但在整个 20 世纪 80 年代，整个生物科技行业推出的是商业化产品屈指可数。

第二次热潮：成为"下一个安进"

到了 1991 年，发生在安进公司（Amgen）身上的两个事件让市场急速升

---

[1] Cohen SN, Chang Boyer HW, et al. *Construction of biologically functional bacterial plasmids in vitro. Proc Natl Acad Sci USA*, 1973,70(11):3240-3244.

温，一是安进在一场关键的专利诉讼中取胜，赢得了治疗肾性贫血症的药物促红细胞生成素（EPO）的控制权；二是降低放、化疗感染发病率的新药优保津（Neupogen）获批上市。华尔街投资人的热情再一次被点燃，仿佛每一个生物科技公司都将成为"下一个安进"。

AMEXBTK 制药指数[1]就是在这样的背景下诞生，并从 1991 年 10 月的基准值 200 点一路攀升至 1992 年 1 月的 223.92 点。1991—1992 年间，美国再次迎来生物科技公司的上市浪潮：1991 年，美国生物科技公司上市数量达到 121 家，合计融资 38 亿美元，1992 年更是进一步的增长至 151 家和 44 亿美元[2]，生物科技公司身价倍增。

当市场估值远超公司自身价值，泡沫就这样出现了；当实际业绩不达预期，这个泡沫也来到了破灭的时刻。对于生物科技行业，创新的故事固然重要，创新的结果能为投资人带来多少收益，才是为其能否转为生物医药公司的生死断笔。很快，随着几家生物科技公司的治疗脓毒症的药物未通过审批，投资者对生物科技时代的热情瞬间被浇灭，自 1992 年 4 月起，生物科技板块市场迎来长达 3 年的生物科技寒冬。1995 年 3 月，AMEXBTK 制药指数跌至 77.56 的历史低点。

随后，因时任美国总统克林顿所大力推行的医改计划在国会受阻，药价将被实施管控的市场担忧有所缓解，生物科技板块在 1995 年迎来短暂回暖，但 AMEXBTK 制药指数始终未能在实质意义上超越 200 点的基准值。

第三次热潮：基因组学热

直到 1999 年 7 月，生物科技市场行情开始快速回升。仅 2000 年 1 月和 2 月，就有 20 家生物科技公司完成 IPO，数量超过此前两年总和。生物科技上市公

---

[1] AMEXBTK 制药指数发布于 1992 年 4 月 1 日，以 1991 年 10 月 18 日为基准日，基准值为 200 点。指数跟踪在美国纽交所、纳斯达克交易所及其他主要交易所的生物科技行业指数股票的综合表现，初始含 15 只成分股，目前增加至 30 只，采用同等权重比例（即每只股票的权重比例为 1/30）。指数成分股入选指数须满足市值 10 亿美元以上、过去三个月平均日成交额大于 100 万美元且股价大于 3 美元。

[2] 生物科技公司完成 IPO 数量和上市公司总市值数据来自 ipomonitor.com，经编者整理。

司总市值从1998年的930亿美元一举跃升到2000年的3 535亿美元[1]。到2000年2月底，AMEXBTK制药指数完成了一年内上涨了487%的记录，其中仅在2000年1月和2月就上涨了273%[2]。资本市场重现十年前的狂热。

如果说第二次热潮始于FDA注重创新而引发的"政策"行情，那么2000年前后的医药行业上行，则是来自一股后来被称为"基因组学热"的风潮。

基因组学是对生物体所有基因进行集体表征、定量研究及不同基因组比较研究的一门交叉生物学学科[3]，是在人类基因组计划的实施影响下逐步形成的学科。人类基因组计划于1990年7月启动，目的是联合国际科研团队，预计用15年时间，绘出由约30亿个碱基对组成的人类基因组全序列。其中的序列图谱测序工作最为繁重、耗时，有人将这份工作比作在北京到上海的公路旁种30亿棵树，而且是桑、柏、槐、柳四种树，要把每棵树的精确位置标记出来。1999年12月1日，人类第22号染色体含3.3×10^7个碱基对的测定工作全部完成，成为人类第一条完成测序的人类染色体。随后，又经过三年时间，人类基因组计划在2003年宣告顺利完成。

人类基因组计划的成功促使更多科研力量尝试将基因数据转化成临床成果。基因组学在此基础上发展起来，成为研究基因如何影响甚至控制疾病发生、发展的潜在有力工具。虽然处于科研一线的专家对基因组学的临床前景有着冷静的认识，但这一崭新概念的高曝光激发了公众的想象空间：私人定制化的治疗方案将成为可能、药物研发将突破以往限制，一些常见的复杂疾病那些尚不为人知的神秘结果终将揭开面纱。Celera Genomics[4]等基因组学题材的公司受到热捧。

但直到2012年，第一款基于上述突破的药物——用于治疗囊性纤维化患

---

[1] U.S. biotech companies' combined market capitalization between 1994 and 2016, statista.com, 2017.
[2] 数据来源：finance.yahoo.com。
[3] 来自百度百科对"基因组学"的定义，该词条经"科普中国"科学百科词条编写与应用工作项目审核。
[4] Celera Genomics曾作为私营部门代表与由公共财政出资的人类基因组计划正面交锋，企图利用不同的测序技术先于人类基因组计划完成测序工作，并通过授权使用模式获利。他们的行动一度使人类基因组计划陷于被动，但在各方努力和对基因信息全人类共享理念的坚持下，Celera Genomics最终与人类基因组计划达成协议，双方于2001年2月分别于《科学》和《自然》期刊发表各自的测序成果。

者的 Ivacaftor——才获得 FDA 批准[1]。而像亨廷顿舞蹈症、家族性乳腺癌症等也可以看出，从治病基因的发现到疗法的问世，药物研发效率并未显著提升[2]。

被乐观情绪推高的市场显然没有耐心等待 10 年、20 年的时间；而且，催生这次生物医药热潮的资金很多来自 2000 年后逃离互联网泡沫的投资人，经历过硅谷以"月"度量公司或产品生命周期的"互联网时间"，生物医药公司以 10 年计的研发周期显得尤为漫长。在长时间没有重大利好消息刺激的现实下，第三次次热潮难逃迅速降温冷却的命运。

第四次热潮：价值回归

在总结人类基因组计划时，人们逐渐认识到基因组测序的高成本是阻碍基因组学发展的障碍。在 2000 年后的十几年中，高通量测序技术——也被称为第二代测序技术（NGS）——随之迅猛发展。到 2010 年，基因组测序成本比十年前下降了 10 000 倍，进入万（美）元（每人）区间（见图 4-2）。高通量测序开始被广泛应用于寻找疾病的候选基因上。

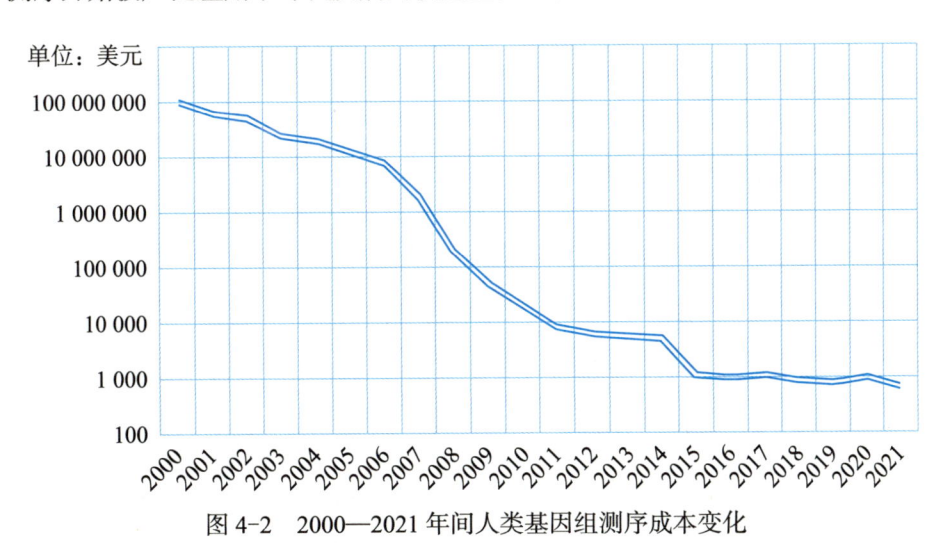

图 4-2　2000—2021 年间人类基因组测序成本变化

数据来源：National Human Genome Research Institute

---

[1] Davis, P., Yasothan, U. & Kirkpatrick, P. Ivacaftor. *Nat Rev Drug Discov 11*, 2021: 349–350.

[2] Dash, D. & Mestre, T. A. *Therapeutic update on Huntington's disease: symptomatic treatments and emerging disease-modifying therapies. Neurotherapeutics (2020)*, King, M.-C. "The race" to clone BRCA1. Science 343, 2014: 1462–1465.

与此同时，计算机技术进一步与生物技术结合，不仅在前述基因组学领域继续发挥效能，同时也帮助生物学家挖掘海量的 X 射线成像和生理切片中所蕴含的信息。

在这一背景下，市场再次唱响生物医药进入新时代的歌谣。而此时，投资界也从 2008 年的金融危机中逐渐恢复元气，新一轮上升行情就此启动。生物科技上市公司总市值从 2012 年的 3 602 亿美元再次跃升一个台阶，到 2013 年达到 6 365 亿美元，并在此后两年连创新高，在 2015 年达到惊人的 8 913 亿美元[①]。2010—2014 年，生物科技股的涨幅超过了美国市场的任何其他板块。

值得一提的是，在这波景气行情中，大型制药公司的作用也不容忽视。一批重磅药物专利在 2015 前后相继过期，这一因素结合研发成本的不断攀升，对行业利润形成双重打击。大型制药公司迫切需要新药来支撑起上千亿的市值。因此在医药行业 IPO 屡创新高的同时，生物医药行业的并购额也在 2014—2016 年连续创下交易纪录，在 2016 年全年的并购金额首次超过 100 亿美元大关，达到 103.65 亿美元（见图 4-3）。

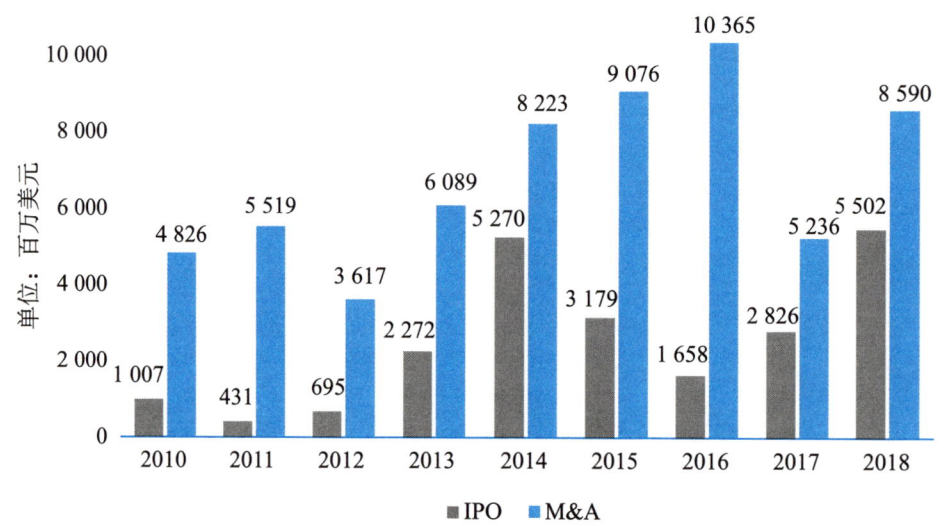

图 4-3　2010—2018 年美国生物科技公司通过首次公开发行（IPO）募资和并购交易（M&A）金额对比

数据来源：Dow Jones VentureSource, Nasdaq.

---

① *U.S. biotech companies' combined market capitalization between 1994 and 2016*, statista.com, 2017.

2010 年启动的这次上升行情呈现出两个不同以往的特点。首先，持续时间更长。比之前三次热潮，本轮上升通道在 2010—2015 年、2016—2018 年间开启，几乎贯穿整个 21 世纪的前十年，热度不减。其次，回调幅度收窄，不同于以往行情的大起大落，在 21 世纪的前十年的这次行情中，行业的超额收益并未完全随着热度的收敛而全部抵消，虽有大幅回调，但总体上仍能保持在较高位置。

这些特点源于昔日引起市场热情的"革命性"技术在这个 10 年中终于开花结果，一批创新药相继通过审批、完成商业化，行业的市场价值有了实打实的产品和疗效来支撑。这些创新成果包括[①]：

2013 年 12 月，由吉利德（Gilead）研发的用于治疗丙型肝炎的创新药 Sovaldi 获得美国食品和药物管理局批准，该治疗方法可以在数周内逆转这种疾病，是数十年对丙型肝炎更好治疗方法研究的重大成果。吉利德此后三年依靠这款新药录得了超过 400 亿美元的收入。

随着 2014 年首个适应症晚期黑色素瘤获得 FDA 批准，俗称 O 药和 K 药的免疫检查点抑制剂 Opdivo 和 Keytruda 成为免疫疗法的代名词。在随后的几年，O 药和 K 药的适应症范围逐渐扩大，竞品相继问世，使免疫疗法成为一个超过 250 亿美元的巨大市场。

2017 年 8 月和 10 月，两款 CAR-T 细胞疗法创新药分别获得美国食品和药物管理局批准，成为首批获批的细胞疗法创新药。其中诺华的 Kymriah 用于治疗急性淋巴细胞白血病，吉利德科学的 Yescarta 用于治疗某些类型的非霍奇金淋巴瘤。

2017 年 12 月，由 Spark Therapeutics 研发的一款治疗罕见遗传性视网膜疾病的药物 Luxturna 于 2017 年 12 月成为首款获得美国食品和药物管理局批准的基因疗法药物。

---

① 2010 年代创新药成果由编者根据以下两篇专栏文章结合其他公开数据整理：*These biomedical breakthroughs of the decade saved lives and reduced suffering*, CNBC, Christina Farr, 2019; *The 2010s were a decade of drug breakthroughs*, Bloomberg, Max Nisen, 2019。

2018—2020年间，Alnylam公司先后将三款RNAi治疗药物推向市场。RNAi治疗利用身体的信息传递系统将患者的细胞转化为药物工厂，或是中断有害的过程。

除了以上成果，CRISPR基因编辑技术治疗、艾滋病预防药物等领域也在离我们最近的十年中取得了实质性进展，不断将此前人们的想象变为现实。纳斯达克生物科技指数在2010—2020年的十年间增长了接近5倍，高出同期标普500指数337%的涨幅一大截[1]。

3. 从美国生物医药行业周期中得到的启示

通过美国生物科技行业在过去40年中的起伏，我们得以看到生物医药行业在美国的大致发展轨迹。这四次周期虽有各自特点，但从中不难发现共性和规律。研究这些共性和规律，可以帮助我们认清我国目前正在经历的周期阶段，对未来行业发展有所启示。

美国生物医药行业至今遵循着十年一次的起伏周期，而每次周期的起点都由一个或多个技术突破引领，重组DNA技术和单克隆抗体在20世纪80年代推动生物技术作为专门领域的诞生。生物科技公司在细胞饮因子等细分领域的成功商业化是20世纪90年代的助推剂。跨世纪的人类基因组计划为人类顽疾的精准治疗打开想象之门。而在过去十年，廉价的高通量测序和细胞、基因疗法的出现让我们进入了一个新的技术时代。

但是不难看出，每当新技术、新图景出现时，市场往往高估技术发展和应用的速度，而低估医疗、药物以及整个健康行业所面临的巨大挑战。投资者展示一个美好的前景，就能吸引大量的资金，但在多家生物科技公司连续折戟后，由于市场情绪的崩溃，投资者对这个行业完全失去了信心，无论前景好坏，一律"乱棍打死"。在市场顶点的"闪崩"成了美国生物科技公司的常态，那些曾经被市场强烈看好的管线，只要临床数据欠佳，立刻就会引发投资者的

---

[1] 2009.12.31标普500指数与纳斯达克生物科技指数分别为1115.1和843.57，到2020年12月31日，两指数分别为3756.07和4198.94。数据来源：Refinitiv。

抛售。

因此面对当下我国市场所经历的调整周期，我们完全有理由相信它的暂时性，已经未来再次上升的必然性。而且在这种必然性中，技术的积累是在始终向前进的，并且每一次的轮回都为下一次更深厚的技术支撑打下基础。从美国的经验来看，最近的周期已经明显呈现波动弱化的趋势。我们相信这也将是中国生物医药产业周期的未来。

第二节　开发/投资模式

1. 海外医药产业园模式浅谈

生物医药产业园区的概念兴起于 20 世纪 60 年代的美国，经过多年发展，依靠不同资源禀赋，在全球各地形成不同风格、不同特性的产业园区。生物医药产业园将产业链条的上游（药物基础研究和开发）、中游（原料药、药剂生产）和下游（流通）所对应的各类组织汇集在一起，通过空间上的集聚，基础设施上的支持，将科学研究、成果转化和产品商业化有机结合，达到产业链上下游相互协调、互为补充的效果，降低参与者的交易成本、提高合作效率，实现共赢的经济效应。历史经验证明，以园区形式聚集的生物医药产业，不仅能够帮助生物医药企业快速获取技术、资金、人才等资源，促进研发成果转移转化，而且对一个区域内的形成规模化医药产业起着举足轻重的作用。

目前，全球生物医药产业主要集中在美国、欧洲、日本等国家和地区。美国生物药品在全球市场占主导地位，研发实力和产业发展领先全球。英国在生物医药技术研发领域已有 20 多位科学家获得诺贝尔奖，是全球生物医药第二大研发强国。在亚洲国家中，新加坡生物医药产业的发展成就尤为突出，自 2011 年以来，已经进入"抓住机遇以拓展经济和健康影响力的时期"目前已经有超过 30 家世界领先的生物医药科技公司进驻新加坡并开展研发活动；此外，日本生物医药领域的发展起步虽晚于欧美，但发展也非常迅猛。上述这些国家或地区中有一些代表性的生物医药产业园区，而这些园区，也有不少优秀的发展经验值得借鉴。

美国生物医药产业园

世界上第一座科技园区和第一座专注生命科学与医疗健康的产业园区均诞生在美国。1975年建立于北卡罗来纳大学教堂山分校的癌症中心被普遍认为是世界上第一个生物医药园区的前身。彼时，以研究为中心的北卡罗来纳大学成为癌症中心发展的核心力量。成立伊始，癌症中心的园区运营体系刚刚显现雏形，产业链集聚效应尚未成熟。到了1980年，北卡罗来纳州政府将生物工程确定为最有前途的技术，并确定了"产业集群"发展战略。随后在1983年，葛兰素（Glaxo，后因史克比彻姆和葛兰素威康在2001年合并，更名为葛兰素史克）将其美国总部和研究中心迁入北卡罗来纳大学癌症研究中心，成为园区集群发展的重要里程碑。1984年，北卡罗来纳州生物技术中心依托科研三角园[①]和癌症研究中心建立起来，真正意义上的生物医药产业园区出现了，至今仍是全球最为著名的生物医药产业园区之一。

空间布局高度集聚的产业集群是美国生物医药产业发展的重要特征，许多州和地区把发展生物技术产业集群作为重要的发展战略。目前已形成了旧金山、波士顿、华盛顿、北卡罗来纳、圣迭戈五大生物技术产业集聚区。除了前述北卡罗来纳州生物技术研究园外，斯坦福生物技术研究园、弗吉尼亚生物技术研究园、马萨诸塞州生物技术研究园等生物科技园区亦是世界文明生物科技园区。

对美国生物医药产业园进行细致了解后可以发现，在空间布局高度集聚这一表象之下，这些园区的成功发展还离不开更为深层的底层逻辑。

---

① 即著名的北卡罗来纳州科研三角园（Research Triangle Park of North Carolina），由北卡罗来纳州和地方政府、附近的大学和当地商业利益集团于1959年创建。因附近三所主要研究型大学——北卡罗来纳州立大学、杜克大学和北卡罗来纳大学教堂山分校——而得名，肩负着增加该地区创新的使命。

①背靠世界一流的研究机构。生物医药产业以学术研究机构为起点，是一个建立在学术研究上的产业。而保证生物医药产业园区顺利发展的关键是研究机构在新发现领域迅速开展研究的能力。美国几大生物医药产业园区都以高水平研发机构的集聚为其发展基础。例如，马萨诸塞生物技术研究园附近有8所学院和大学，包括占全国医学院前20名的麻省医学中心，拥有最强健的对生物技术研究开发有巨大支撑作用的大学及研究中心网络。

②外部存在不同渠道的大量风险投资。由于生物医药开发投入大、周期长、风险大，初创型的医药企业的发展，无不依托于从外部各种渠道获取的资金，包括风险投资、政府补助等。旧金山生物医药产业最明显的优势，就是云集在斯坦福大学SandHill路的风险投资公司。北卡研究三角园最初的建设投资主要来自州政府，地方政府对园区附近的大学、园区内的基础设施、孵化器、非营利机构等也进行了大量投入。马萨诸塞州生物技术研究园则采取财政激励、贷款保障、低还款利息，还有多渠道的风险投资来源，为新公司的成长提供支持。

③园区内存在大量的初创企业。与已经成熟的制药企业相比，初创的生物技术企业在创造性、敏捷性和成长性方面具有突出的优势，而此类公司的发展主要依托创造力、集中力和知识更新速度。相比之下，规模对创新所起的作用相对有限，规模是创造力起作用的结果，而不是创造力起作用的原因。因此，新创企业的数量是衡量一个生物医药产业园生命活力的重要标准。也就是因为新创生物技术企业在推动生物医药创新方面的突出能量，一些生物医药产业的巨头，纷纷削减自身的研究规模，转而与一些新创的生物技术企业建立联盟，以获取不断推动企业进步、集群发展的动力和新鲜血液。目前，美国著名的生物医药集群，如旧金山、波士顿和圣迭戈，都在生物技术创新企业数量方面显示出高度集聚的态势。把著名研究机构周围的一群新创企业转变成为一个真正的地区性生物医药产业园。

④领军企业成为牵头方。把著名研究机构周围的一群新创企业转变成为一个真正的地区性生物医药产业园区的过程中，领军企业往往起着决定性的作

用。初创的医药企业通常会以行业里已经成功的领军者作为追随的对象，在研究以及商业化上均对其进行模仿，因此会形成规模效应。正是这种规模效应为一个地区性产业集群吸纳和配备了一些关键性的资源，如上下游供应商、管理人才、配套产业等。在当前美国主要的生物医药产业园区中，都至少有一个商业化相当成功的领军企业。硅谷有 Genetch 和 Chiron，Biogen 是波士顿地区生物技术公司的王牌，圣迭戈的龙头企业是 IDEC 医药，Celera 和人类基因组科学公司（HumanGenomicsScience）则是华盛顿和巴尔的摩基因产业集群的领袖。

⑤政、商、学共同管理模式是保障。美国生物科技园区比较常见的组织构架是由政府、基金会或银行以及私营企业共同参与投资建设，组成不包括政府的董事会或者理事会，任命一定数量和比例的非执行董事，同时通过招募专业管理团队对园区的物业行使管理权。政府通过宏观的规划和调节，并通过财政投入部分资金参与建设，并不具体参与园区的管理和运作。这种合作模式一方面利用政府力量弥补了企业发展中后劲不足的缺陷，为企业的发展提供了良性的科研智力环境；另一方面，共同管理也避免了政府行政权力的过多干预，激发了大学和企业界的活力。

以上这些底层逻辑的构建，与美国生物医药产业园对自身的精确定位和对创建初期战略规划的重视相关。一方面，生物医药产业以创新为基础，产品开发时间长、成本高、风险大，在高度监管的创新和生产要求下运营；另一方面，促进国家经济发展和创新驱动力也是生物医药产业的价值主张。因此，美国生物医药产业园从创建之初就有意通过规划将大学、产业界、政府和投资人联络在一起，建立起共同运作的高效创新生态系统，而产业园则将自己定位为这一生态系统中的"结缔组织"，不断评估和开发其服务领域和功能，发挥连接者、资助者、支持者、沟通者的作用，并指导解决创新型经济链的每一个关键要素，从基础科学研究延伸到应用研发，解决投资资本和劳动力的生态系统，进而支持企业的形成、吸引和保留。

欧洲生物医药产业园

虽然稍稍逊色于美国，但欧洲依然拥有众多明星医药产业园，例如连接起法国、德国、瑞士三国的欧洲生物谷，由 3 部分组成，分别是法国阿尔萨斯生物谷（Alsace Bio Valley）、德国巴登-符腾堡生物谷（Bio Valley Deutschland）和瑞士巴塞尔生物谷（Bio Valley Basel）。生物谷依托莱茵河流域三国接壤的三角地带建立，在 20 世纪末的建设初期得到了诺华集团的风险基金和欧盟 INTERREG 项目的经费支持，一批初创企业随之在这一拥有强大化学和制药业基础的区域涌现出来，逐渐成为全球范围内举足轻重的生物技术基地。

与美国相似的是，欧洲的医药产业园同样拥有世界一流研究机构以及一流大学作为研究力量；拥有丰富的资金渠道来协助初创企业进行药物研发，拥有相似的园区管理方案。如前述欧洲生物谷，在研究水平方面，区域内有 20 家科研机构，12 所大学，超过 1 万名在校学生[1]；在资金渠道方面，拥有欧盟专项项目资金，各成员国政府拨款和来自风险资本、私人股权投资基金及投资公司等多种渠道；在管理模式上，生物谷专门的促进机构（Bio Valley Association）对作为中心机构三个成员国进行统筹管理，其下的成员国子机构又进而负责本国内企业的科研开发、贸易与商业合作等。

但双方不同的是，由于欧洲国家的医药行业发展史会长于美国，园区中的领头企业多数为拥有百年历史的本土传统制药企业，如葛兰素史克、诺和诺德等。这类企业有较强的本土根植性，相对来说更为稳定，也更受本国利益集团保护。

日本生物医药产业园

日本国土面积狭小，政府难以划拨大面积土地专门作为医药园区。日本生物医药产业园因此走出了一条与众不同的道路。

日本的医药产业园主要建立在人口稠密、经济发达的地区附近，如神户医疗产业集群。神户与临近的京都、大阪等城市组成关西地区，该地区是日本的

---

[1] 数据来源：biovalley.ch/about-us/。

第二大经济圈，仅次于东京都市圈。关西地区 GDP 总量约 8 000 亿美元，人口 2 000 多万，这都为神户医疗产业集群的发展提供了极为优越的市场空间和人才储备。同时，由于此地的人口密集高，产业集群自身便足以带来充足的交通基础设施需求，催生了区域交通优势。同时，产业集群也对下游产业和周边配套产业的发展带来动能。所谓交通优势，是指神户所在地段通过公共交通设施到达日本各地都极为便利；所谓下游产业密集，是指由于人口密集，此地存在较多医院，神户市立医疗中心中央市民医院、神户大学医学院附属医院国际癌症医疗研究中心、兵库县立儿童医院等数十家医疗机构的存在，使各种创新药物能有试验的沃土，这些医院活跃在创新疗法前沿，为医药企业的研发创新提供最新应用场景。

神户医疗产业集群日本生物医药产业园区的缩影。它的特点是集群区域内不仅囊括了整个医药产业的上游及中游，也包含了下游，形成了研发-生产-应用闭环，加速了创新-规模化-临床反馈-再创新循环的速度。

此外，在管理模式方面，与欧美国家不同的是，日本的医药产业园由专门的公益财团法人进行管理。公益财团法人不仅会对园区的资金、物业及运作等进行管理，同时也会主动搭建企业与研究机构、大学和医疗机构的合作与融合的桥梁，以开发创新医疗技术，并提升当地经济的发展。

新加坡生物医药产业园

与前述国家和地区相比，新加坡的医药产业园发展起步较晚。也正因为如此，新加坡模式也许有更多值得我国学习和借鉴的地方。新加坡的生物医学产业园建设始于 2000 年。2000 年 6 月，新加坡启动了生物医药科学激励计划（BMS），伴随着 20 余年间生物医药产业发展规划的不断演进，现如今生物医药科学产业已经成为与电子、化工、工程等产业并列的新加坡国民经济发展四大支柱产业之一。

早在 20 世纪 80—90 年代，新加坡便有计划在生物医药业进行发展，因此政府进行了重点扶持，通过多方接洽，试图在全球范围内引入一批生命科学领域的明星学者，来帮助新加坡建立起自己的生物医学产业。这一努力成功吸

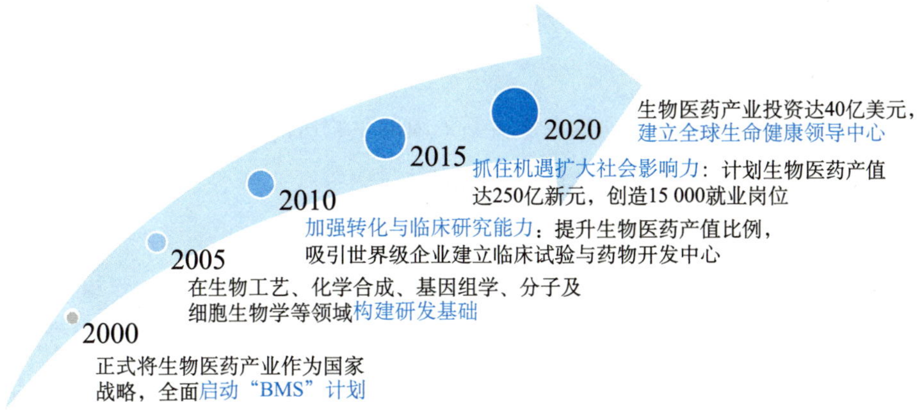

第四章 海外观察

2000 正式将生物医药产业作为国家战略，全面启动"BMS"计划

2005 在生物工艺、化学合成、基因组学、分子及细胞生物学等领域构建研发基础

2010 加强转化与临床研究能力：提升生物医药产值比例，吸引世界级企业建立临床试验与药物开发中心

2015 抓住机遇扩大社会影响力：计划生物医药产值达250亿新元，创造15 000就业岗位

2020 生物医药产业投资达40亿美元，建立全球生命健康领导中心

图4-4　生物医药科学激励计划历程

引了以西德里·布伦纳[①]为代表的一批世界级人才。在他们的帮助下，新加坡建立了自己的医药研发体系及人才培养体系，为后来新加坡成为亚洲医药产业中心打下了坚实的基础。至2019年底，新加坡已经聚集了30多个企业研发中心的2 000多名高级研究人员、来自80多个公司在新加坡设立的地区总部的7 600名员工以及BMS（生物医药科学）部门的24 000名员工[②]。

时间回到2000年，新加坡生物产业双引擎开始浮出水面。一边是以生物制剂生产为主的大士生物医药园建成，另一边则是聚焦生物医药研发、管理和风险投资中心的启奥生命科学园启动了筹备工作。双引擎在此后的20年中同时开足马力，打造出了新加坡这一今日的"亚洲生物之城"。

大士生物医药园将自身定位为大型制药企业的区域制造工厂和企业总部，先后吸引默沙东、辉瑞、罗氏、安进、艾伯维等数十家跨国药企进驻。安进在2014年斥资2亿新元在大士生物医药园建设生物制剂产能，艾伯维于2016年在园内建设API工厂，随后又在2017年建设生物制剂工厂，使新加坡成为其全球生产链网络之中的重要组成部分。截至2022年6月，在全球排名前十的

---

① 西德里·布伦纳，南非生物学家，2002年诺贝尔生理学或医学奖获得者，被誉为分子生物学奠基人之一。
② 加速东盟市场开发，助力中国生物医药企业全球市场拓展白皮书，新加坡经济发展局、艾社康，2022

制药公司中，有 8 家已在新加坡设有工程，按全球收入来计算，10 大药品中有 4 种在新加坡生产[①]。

启奥生命科学园的创立旨在承接新加坡的生物医药科学激励计划，在新加坡国立大学和南洋理工大学两所顶级学府的科研资源加持下，五年一个台阶的一步步实现国家产业战略制定下目标（见图 4-4）。

纵观新加坡生物医药产业园区的发展，与前述国家和地区存在显著不同之处。

首先，新加坡的发展模式可以概括为"国家主导的赶超策略"。这一策略营造出对生物医药研发与制造领域外资极具新引力的环节。具体来讲，不同于具有长久时间积累的欧美国家和地区，新加坡生物医药的发展着重顶层决策优势，政府在基础设施上建设扮演先行者和领导角色，而私营部门则是药物开发的跟随者，例如新加坡实验药物发展中心（EDDC）就是新加坡的国家药物发现和开发平台，其在候选药物开发中起到引导作用。同时，在上游基础研究领域，政府通常主导临床试验 I 期前的投资，辅之以针对临床 II、III 期试验费用，尤其是 CRO 部分的优惠税收政策。形成了产业园中私人企业众多，同时 CRO 服务范围广泛的产业形态。

其次，新加坡政府注重搭建多元合作平台，吸引不同市场主体合作。在双引擎驱动下，跨国公司、本土企业、高校与公共研究机构在政府搭建的平台上实现科研成果的高效率转化，良性发展，形成跨国制药企业对新加坡生物医药科技转化上的深度参与，如罗氏与新加坡科研医疗机构合作成立的转化医学中心，拜耳与新加坡国立大学共同主持的拜耳一体化转化临床网络项目，及诺华与新加坡经济促进局共同投资成立的诺华热带疾病研究所等。这些深度的科研成果转化合作深刻影响者新加坡生物医药产业创新生态的演进。

同时，新加坡财政对生物医学研发和基础设施建设投入持续而巨大，如：在知识产权发展激励机制 (IDI) 为符合要求的知识产权收入提供 5%～10% 的

---

① 新加坡经济发展局网站资料，www.edb.gov.sg。

优惠税率，在新加坡进行的研发工作的相关合格支出可享有最高 250% 的税收抵减，经批准的特许权使用费奖励 (ARI) 对符合要求的研发活动的特许权使用费减免预扣税。

2. 海外风险投资/私募股权投资基金特点

自 2000 年以来，全球风险投资与私募股权投资生命科学与医疗健康项目一直呈现出强劲的价值创造势头。截至 2021 年底，在 2000—2009 年开展的生命科学与医疗健康投资的内部收益率中位数为 17.9%，高出其他行业两个百分点；2010—2021 年开展的生命科学与医疗健康行业投资交易，内部收益率中位数为 26.9%，高出其他行业五个百分点。而从细分行业看，制药与生物技术（既本书重点探讨的生物医药）行业，2010—2021 年开展的项目内部收益率中位数达到 29.0%，高于其他三类细分行业[1]。此外，生命科学与医疗健康项目的业务收入增长颇为强劲，自 2010 年以来开展的交易在投资期间的收入年复合增长率中位数远远超过其他行业，这种不断增长的收入正是过去十年 PE 医疗项目价值创造的最大驱动力。

在行业层面，北美一直是风险投资与私募股权投资行业生命科学与医疗健康项目取得强劲回报表现背后的主要动力来源，其在生命科学、医疗技术与医疗设备领域上尤为突出。

以美国为例，作为当之无愧的全球生物科技中心，美国无论是在技术探索、人才培养、产业发展还是市场规模上都处于领先地位。在生物经济范围内，美国在 2016 年产生了近 9 600 亿美元[2]的经济活动，这一体量若是一个国家，将在当年全球 GDP 排名中位列第 16 位，高于印尼、土耳其、荷兰等国。伴随着生物新药数量上升的同时，美国生物技术上市公司的市场价值从 1994 年的 450 亿美元上升到 2015 年底的 8 913 亿美元[3]，并在此后一路高歌，这背

---

[1] 数据来源：dealedge.bain.com. 其他三类细分行业及 2010—2021 年开展的项目内部收益率中位数分别为医疗技术和医疗设备 26.4%，生命科学工具和服务 26.3%，医疗保健供给者、设施和服务 23.5%.

[2] *The U.S. Bioeconomy: Charting a Course for a Resilient and Competitive Future,* Schmidt Futures, 2022.

[3] *U.S. biotech companies' combined market capitalization between 1994 and 2016,* statista.com, 2017.

后也离不开对 PE 投资基金的运作。

作为交易最活跃的国家之一，风险投资和私募股权投资一直以来都是美国生物医药企业创业和发展的主要资本来源。2006 年第 3 季度开始，美国风险资本和私募股权在生命科学领域的投资首次超过 IT 行业，成为该领域第一大行业，此后多年延续这一趋势。最近数年，美国风险投资和私募股权投资规模连破纪录，从 2016 年的 93.1 亿美元一路攀升至 2020 年的 225.9 亿美元，复合增长率达 24.8%[1]。美国生物医药风险投资和私募股权投资的特点主要表现为：

①广泛充足的投资资金来源。美国风险投资和私募股权投资的资金来源渠道广泛，养老基金、私人资本、保险基金、银行信托基金都是风险投资的积极参与者。在政策方面，政府允许 5% 的养老基金进入风险投资领域，虽然比例不高，但资金的绝对量很大，因此规模庞大的养老基金构成了风险投资的主要来源。随着经济不断发展，美国风险投资和私募股权投资的来源渠道日益畅通，资本结构也更趋合理。正是资金来源的广泛性保证了美国风险投资资金的充足，也因此保证了有较多的资金可以流向生物医药产业。

②企业风险投资（CVC）增长迅速、贡献明显。生物医药投资，尤其是对早期创业公司、技术平台类公司投资的专业壁垒，使依托于制药巨头的企业风险投资部门拥有独特信息优势。同时，制药企业在临床试验、监管审核、产品商业化等环节的积累，也使他们成为很多创业团队青睐的投资者。起源于美国的企业风险投资，在生物医药领域增长迅速，起到越来越重要的作用。根据美国药品研究与制造企业协会（PhRMA）在 2018 年委托进行的一项研究，该协会 15 个成员的企业风险投资从 2000 年的 4.14 亿美元增长到 2017 年的 32 亿美元，涨幅达 664%，远远超过同期美国所有企业风险投资 90% 的涨幅[2]，由此可见一斑。

---

[1] DeFrancesco, L. Financing breaks all records in 2020. Nat Biotechnol 39, 2021: 133–134.

[2] Strengthening Biopharmaceutical Innovation: The Growing Role Of Corporate Venture Capital, PhRMA, 2018.

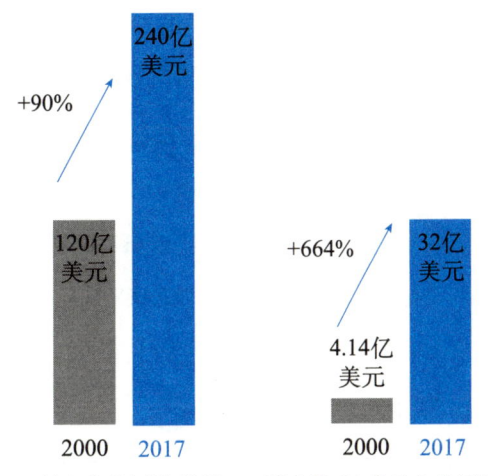

图 4-5　美国药品研究与制造企业协会成员 2000—2017 年
企业风险投资涨幅远超行业整体水平

数据来源：PhRMA（美国药品研究与制造企业协会）

③完善的退出渠道。风险投资和私募股权投资的目的从来都是获得资本增值，而不是对被投资企业简单的占有或控制。虽然资本能随着风险企业的成长而获得增值，但如果没有合适的退出渠道，投入也就无法变现，无法实现真正的收益。而投资退出机制是否健全依赖于资本市场的发达程度和产权制度的完善，美国拥有世界上最发达的资本市场，这一资本市场的特点是多层次，而多层次可以保证处在不同发展阶段、不同规模的企业都可能实现资本退出。

3. 海外新兴创新药开发与投资模式

生物医药产业具有周期性，为其发展提供血液的投资活动亦是如此。从 2018 年开始，借助利好政策之东风，国内创新药企依托资金的涌入，如雨后春笋般涌现，而随着 2021 年下半年开始的资金缩紧以及项目商业化不及预期等，IPO 破发屡见不鲜。创新药企作为众所周知的"烧钱公司"，在传统 IPO 之路受阻的当下，如何度过"资本寒冬"至关重要。

科学研究永无止境，创新药企的研发之路也如一场没有终点的马拉松比赛，如果说研发管线以及技术领域是起跑线，指明我们前进的方向，那么灵活有效的商业发展模式则可以为企业保驾护航，决定了企业在这条路上能走多远。一个良好的开发与投资模式能够让公司脱颖而出，吸引更多的投资者。近年来，海外医药市场正在逐渐兴起的一些创新药投资模式，值得我们在这个时点予以关注，他们主要包括：Hub-and-Spoke，SPAC，License-out 以及药物特许权投资模式。

辐射模式（Hub-and-Spoke）

一般而言，创新药公司的研发多是基于某个研发药物或集中于某个治疗领域，或是基于某个可以治疗多类型疾病的技术平台。在过去 5 年时间里，一种与传统开发模式不同的 Hub-and-Spoke 模式在美国生物医药市场开始兴起。

在这种模式下，对单个新药项目成立子公司，子公司仍然专注于他们的资产、研发管线以及治疗领域，而母公司则控制着跨越多个技术路径和疾病领域的多家公司，为它们提供专业技术、研发资源以及临床运营等支持。在这种模式下，母公司的优势不再以研发能力定义，而是以资金筹集、投资、研发服务、制造与商业化能力等多维度构成。这种模式也被称为"Portfolio Model"。

Hub-and-Spoke 最初成型的模式具有多样性，有子公司从母公司分拆出来的案例，也有以子公司聚合起来并组建母公司的案例。例如，Roivant 首先从制药公司购买搁置的资产，然后分拆子公司。Centessa 则是通过 10 家生物技术公司的聚合而形成的，每家公司都专注于单一资产或生物途径。

Hub-and-Spoke 为什么会受到诸多创新药公司的青睐？究其原因，主要是创新药行业日趋成熟以及投资机构分散风险双重叠加的产物。一方面，对于一个成熟的创新药行业，研发技术固然重要，但是团队管理能力、资金募集能力以及商业化运营能力等却也必不可少。Hub-and-Spoke 模式不仅可以让子公司专注于提升研发能力，也能够通过母公司的集中管理提高运营效率，达到加速。另一方面，由于创新药研发时间跨度大且研发不确定性高，因此历来高风险与高收益并存。而 Hub-and-Spoke 模式则为投资者提供了新的投资模式，比如直接投资母公司或者专注于子公司中比较感兴趣的研发管线，不仅提供了多元化的投资选择，也可以降低管线研发失败所带来的风险。由于 Hub-and-Spoke 模式下，集团存在多个跨领域的管线组合，在其中某一个研发管线失败的情况下，其余管线可以最大程度上免受波及。

当然，Hub-and-Spoke 模式也并非完美无缺，该模式虽然已经历经多年的沉淀，且海外已有数十家公司试行，但是仍然存在一定的弊端。其一，虽然多管线跨领域的模式可以分散风险，但是同时内部多家子公司对母公司资源存在一定的竞争关系，如何协调各个子公司的资源分配，对于母公司的管理运作要求较高，否则会适得其反；其次，对于资本市场而言，传统的创新药企业因管线较少，结构简单而容易给出合理的估值，但对于 Hub-and-Spoke 模式而言，因其管线众多、涉及的治疗范围和技术领域较广，且股权和药物权益比例复杂，导致其估值难度较大。

特殊目的并购公司模式（SPAC）

2020 年，从美国华尔街刮起的 SPAC (Special Purpose Acquisition Company，特殊目的收购公司) "造壳上市"之风正在蔓延至全球，一举超过传统 IPO，成为企业上市新选择，翻开了创新药企 IPO 路径的新篇章。SPAC 最初起源于 20 世纪 90 年代的美国市场，与"借壳上市"不同，SPAC 通过自己造壳、寻找目标企业、并购、合并的模式完成上市融资的目的。SPAC 用上市发行权益单元的形式筹集并购资金，在 24 个月内，需要找到并购标的，并经过大多数股东批准完成并购，经过 "De-SPAC" 并购交易步骤，目标公司与 SPAC 整合为一体，SPAC 终止上市，目标公司代替 SPAC 取得上市地位，经过股票更名，一家运营实体业务的新上市公司就此诞生。目前全球已经引入 SPAC 的交易所有纽约交易所、伦敦证券交易所、马来西亚证券交易所、韩国交易所、新加坡交易所以及香港交易所。

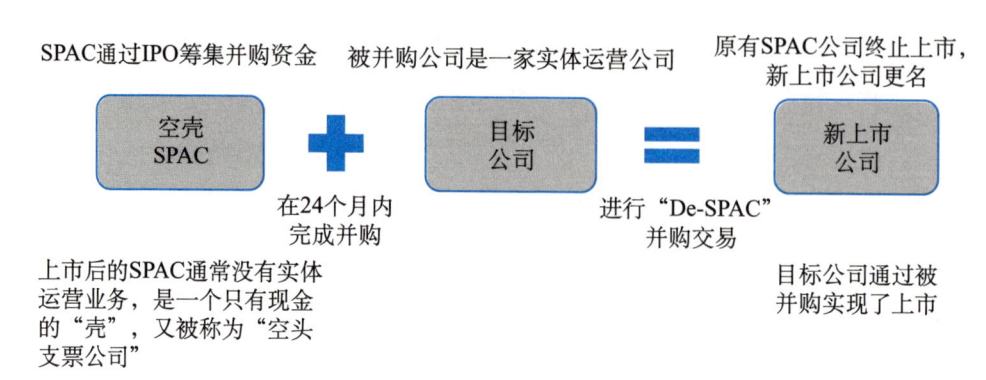

```
SPAC通过IPO筹集并购资金       被并购公司是一家实体运营公司      原有SPAC公司终止上市，
                                                              新上市公司更名

        空壳          ＋        目标           ＝        新上市
        SPAC                    公司                      公司

                    在24个月内              进行"De-SPAC"
                    完成并购                并购交易

上市后的SPAC通常没有实体                                    目标公司通过被
运营业务，是一个只有现金                                    并购实现了上市
的"壳"，又被称为"空头
支票公司"
```

图 4-6 SPAC 运作示意图

相比于传统的 IPO 上市路径，SPAC 具有鲜明的特色。首先，SPAC 模式下，资产注入操作时间短，仅需要经过上市到配售完成大约 18 个月的时间就可以开始交易；其次，SPAC 费用低，和传统 IPO 相比，SPAC 所需资金约可以减少 80%；第三，SPAC 模式下由于是新成立的公司，无负债和历史法律纠纷，无历史包袱，更有甚者，通过收购优质企业完成资产注入，SPAC 公司股价可能一飞冲天，令各方实现丰厚投资回报。基于此，SPAC 也成为众多企业"曲线上市"的一条捷径。

作为 SPAC 重点关注的领域之一，医疗健康备受投资机构追捧。硅谷银行《医疗健康行业投资与退出趋势年中报告（2021）》对 SPAC 深入医疗健康领域进行了介绍。数据显示，2020 年以来，在医疗领域，已有 36 家获得风投注资的医疗健康公司宣布"去壳"，其中生物制药公司 16 家，健康科技公司 10 家。2020—2021 年 6 月底，全球 36 家通过 SPAC 上市的公司，有 12 家公司已完成"去壳"交易，仍有 24 家公司正在进行"去壳"。

License-out 模式

License-out 模式是指企业进行药物早期研发，然后将项目授权给其他药企做后期临床研发和上市销售，按里程碑模式获得各阶段临床成果以及商业化后的一定比例销售分成。近年来，医改政策如集采、仿制药一致性评价等不断落实推进，将中国药企从仿制药向创新药方向转型推进。2022 年 2 月，FDA 专家不建议批准信达生物 PD-1 单抗上市，信达生物此次的铩羽而归，无疑给处

境本就略显艰难的国内创新药企雪上加霜。FDA 此次给出的理由主要围绕"现有的试验并非是临床未满足的需求"以及"单一中国病人的生物多样性无法确认"等问题，由此可见，相比较于药物的经济性，"是否能够满足临床需求、是否符合 FDA 的实验标准"更受重视。这给国内相当多一部分以 license-in（许可引进）、Me-too（模仿）等为商业模式的药企带来了挑战，License-out 模式成了必然选择。

2021 年，多家中国创新药企，不论自身规模大小，均选择通过"License-out"模式出海，将药物的海外权益授予欧美公司，诸如百济神州和诺华关于替雷利珠单抗高达 22 亿美元的大额交易，以及与拜耳合作的华领医药、与阿斯利康合作的和铂医药等。

License-out 模式不仅有助于国内创新药企走出去，也有利于 biotech 和 big pharma 之间的携手合作。就创新药研发而言，一个新药从最初的研发到最终的商业化，周期长达 10 年以上，且大概率会中途折戟。对于小的创新药企，成本高且风险大；而对于大的制药企业，规模虽大，创新能力却不足，加上研发效率下降，需要有一定基础的研发管线注入。

虽然 License-out 模式可以给处于低潮时期的创新药行业带来助力，但从海外发展经验看，License-out 模式仍存在一些弊端。首先是受到药物研发自身不确定以及 License out 模式下药物有限权益的双重限制，采用该模式运营的公司收入和投资成本无法完全匹配，收入不确定高，而投资成本却长期处于高位，难以获得资本市场的长期认可。其次模式运营难度较大。License-out 模式不仅要求企业在有限的资金预算下，实现丰富的技术储备，同时要求判断技术具有潜力的能力，而且对企业复制过往的成功也提出了较高的要求。

药物特许权投资

药物特许权投资是 RBF（Revenue-based Financing，基于收入分成的融资）投资形式在医药领域的应用。一般而言，优秀的研发型药品公司常常都拥有基于知识产权特别是专利权的药品特许权。因此，在欧美等发达国家，药品研发企业基于药品特许权进行的单一或者组合融资比较常见。与传统的投资不同，

RBF 并非直接投资医药公司，投资人也不会获得股权，而是直接投资某一款药物的权益，基于目前海外的投资模式，一般是从药物专利持有者：通常是大学等研究机构手中购买已经获批上市药品的特许权。

目前，以药物特许权方式进行投资的机构主要包括：①专业的药物特许权投资机构，诸如 Royalty Pharma、Healthcare Royalty、DRI Capital 等。②专业的生物医药领域投资机构，比如 2019 年 12 月，著名医药投资机构 Baker Bros 向 Kodiak(NASDAQ:KOD) 提供 2.25 亿美金，购买 KOD 名下药物 KSI-301 未来净销售额的 4.5% 的权益。③其他投资机构，主要是其他领域有杰出成就的投资机构转战医药领域，比如黑石。2018 年，黑石收购了生命科学投资公司 Clarus，以其为核心，黑石构建了自己的生命科学投资机构：Blackstone Life Science，并募集了一只总额 46 亿美元的生命科学基金，对 Alnylam (NASDAQ:ALNY)、Reata(NASDAQ:RETA) 等医药公司进行了药物特许权投资。

海外新兴创新药开发与投资模式的启示

一家医药初创公司如果想要逐渐发展壮大成大型制药企业，优秀的研发团队以及创新的研发管线是基础，成熟的管理架构、灵活的商业运作模式以及充足的资金链则是关键。如前文所述，目前海外很多创新药企都已经开启了创新药开发与投资模式的新篇章，力求在众多公司中脱颖而出。资本的青睐不可能是空穴来风，类似 Hub-and-Spoke 的公司的确更容易在行业内部站稳脚跟，也更能经得起资本市场的跌宕起伏，甚至可能产生颠覆式创新。

近年来，国内一直在倡导科研向实业的转化，鼓励教授创业。创新药向国外 License-out 数量的不断增加也证明了国际市场对于国内药企科研能力的认可，但是在国内创新药企从科研转化成实业的能力却始终薄弱，如何将"科研"与"商业"有效结合仍然是国内创新药企需要攻克的难关。从近些年的融资情况上看，很多国内资本都对医药行业兴致勃勃。如果能够挖掘到国内具影响力的科研进展，以参与该项研究的科研团队为基础，再配合上优秀的管理团队，打造"Hub-and-Spoke"模式，创业融资之旅必将会如虎添翼。

其次，SPAC 目前作为一种成熟二级资本市场交易规则，已有多家交易所允许通过 SPAC 模式上市，2021 年 9 月香港交易所也对其敞开大门。尽管国内资本市场尚未引入 SPAC 模式，但是中国证监会主席在 2021 年第 60 届世界交易所联合会上指出"部分境外市场通过 SPAC 模式的上市融资活动大幅增加"，这其中所释放的信号值得医药行业关注。目前国内企业通过 SPAC 条件尚未成熟，但已有多家企业率先经美股等做出尝试。而 SPAC 作为与 IPO、并购竞争的上市模式之一，正在为中小企业或有潜力的早期项目提供了新的契机。乘着 SPAC 的风势，药企们或将拥有更健康，更多元的发展模式。

License-out 是目前中国创新药企选择较多的模式，一方面是由于自身商业能力不足，另一方面也是由于外部企业需求增加，License-out 未来势必会成为一种新常态。对于创新药企而言，在没有出现更好的 License-out 模式道路之前，关注适应症的大小，从市场需求的角度出发，开发具备市场潜力的药物。

药品特许权融资在中国还比较少见，但随着我国药品市场的持续扩大，以及国家对新药研发的政策扶持，新药研发已经崭露头角，部分项目逐步进入收获期。2022 年 3 月，康桥资本宣布，旗下瑞桥信贷基金为依生生物制药有限公司提供基于特许权 (Royalty-backed) 的 4 000 万美元战略投资已完成交割。这是中国国内生物制药行业首单药品特许权投资。未来，药品特许权投资这种投资方式，有望在未来成为中国药品研发的助推器。

4. 海外投资机构优秀案例及启示

Hub-and-Spoke 模式—以 CNTA 和 FBIO 为例

2020 年，英国生命科学投资机构 Medicxi 设立了规模为 2 亿欧元（约 2.37 亿美元）的投资基金 Medicxi Secondary 1（MS1），用以收购 Index Ventures Life VI 持有的六家生物医药公司。Medicxi 在此基础上创立 Centessa（CNTA），随之连续收购 11 家临床阶段的生物医药公司，成为拥有 16 个在研管线，涉猎肾脏病、血液病、肿瘤、肝脏、肺病、炎症和神经系统等多个复杂领域的

"超级公司"，而使 CNTA 成功快速扩张的原因正是它所采用的 Hub-and-Spoke 模式。

  Centessa 战略主张以资产为中心，即母公司集中资源（例如制造、法规和运营支持），子公司专注各自管线的研发，管理权限下放使得子公司尽可能自主经营，为研发团队提供更透明、自由、集中的研发环境，进而带来更高的执行动力及研发效率。Centessa 目前拥有 10 个全资子公司，均来自 Medicxi 早期基金的投资组合，目前在研的 16 条管线相对独立，Centessa 在宏观上遵循 Follow the Data 的原则为各个管线分配资金。因此，Hub-and-Spoke 模式使得 Centessa 不再承受传统制药公司风险集中于单个产品的压力，而是类似资本市场中的 Portfolio，同时投资多条研发管线，多样化的研发组合将显著降低失败的风险和损失。

  这种纯粹的 Hub-and-Spoke 模式为 Centessa 减少了管理层合并带来的碰撞，带来子公司层面中的扁平管理，这种模式协调整合不同被投企业的优势资源，做到 1+1>2，让新公司竞争力更强。因此，Hub-and-Spoke 模式可以高效解决初创制药公司的局限性问题，加上资金的助力，能够显著加速药物研究的进展，但其劣势在于对重量级初始资本的需求。

  基于这个劣势，我们寻求 Fortress Biotech（FBIO）的案例来做对比分析，FBIO 提供了小公司如何采用 Hub-and-Spoke 模式的样板，较于 CTNA 背后的投资基金，FBIO 没有重量级的股东支持，因而其案例中展现了 Hub-and-Spoke 模式下的轻资本选择。因为资本有限，FBIO 和子公司的关系大多数是参股或外部第一大股东，像 Mustang Bio(MBIO) 和 Checkpoint(CKPT) 这样重要的子公司，FBIO 的持股也没有超过 20%；此外 FBIO 尝试和大学、科研机构合作，例如 UTHealth、Fred Hutchinson Cancer，使得合作对象和方式灵活多样，不再局限于收购这一种模式。FBIO 选择投资的子公司多是其他制药公司暂停研发的临床阶段项目或者是市场上冷门的在研药物，利用 Hub-and-Spoke 的管理优势，在冷门赛道上实现超车。FBIO 曾以 50 万美元的价格买下 Cougar Biotechnology 的搁浅项目，该项目虽然拥有不错的药物效果，但一直因为专利瑕疵在招资市场上遇冷。在 FBIO 买下该管线后实验效果改善，并完善了专利，最后以 10 亿美元出售给了强生，现在该药物每年为强生带来近 40 亿美元的收入，这成为 FBIO 的经典成功管线。FBIO 投资的子公司的治疗领域广泛，并且针对各领域制定了多元化的研发战略。对于相对成熟的研发领域选择像 CKPT 这样的 Fast follow 策略，追求创新和改良，以实现弯道超车；而对于相对冷门和成长期的研发领域，则采取像 MBIO 这样的 First in Class 的策略，争取成为行业领头羊，建立壁垒。这种因地制宜的研发战略避免了广撒网需要的高资本需求，更优化了资本配置，把投资的管道做到小而精。

Hub-and-Spoke 模式在 FBIO 中的应用还展现了其灵活的资产合作与出售等商业化选择，由于自身轻资本的限制，FBIO 在子公司资产方面的交易显得更为灵活和频繁，例如 ALXN 为获得 FBIO 的子公司 Caelum 少数股权支付了 7 000 万美元，并予以 5 000 万美元的研发经费和 1 400 万美元的里程碑付款，这其中将有 43% 最后归属于 FBIO，因为 FBIO 持股 Caelum29%。这是因为 Hub-and-Spoke 的模式使得公司对子公司和管线的依赖度降低，允许企业在合理的交易下出售子公司资产。

Hub-and-Spoke 模式通过整合资源减少传统制药公司由于结构限制而面临的研发效率低的问题，并且在降低研发风险上有显著优势，这值得国内的医药研发公司尝试。

Cullinan Oncology 作为一家代表性的 Hub-and-Spoke 企业，于 2020 年 12 月与再鼎医药就管线之一 CLN-081 达成授权。根据协议条款，再鼎医药将获得在大中华区独家开发、制造和商业化 CLN-081 的权利，Cullinan Oncology 旗下子公司 Cullinan Pearl 将获得 2 000 万美元的预付款，并有资格获得最高至 2.11 亿美元的开发、注册和基于销售的里程碑付款。此外，再鼎医药将根据 CLN-081 在大中华地区的年度净销售额，向 Cullinan 支付特许权使用费。这使得国内企业与 Hub-and-spoke 模式直接接触。

目前制约中国企业尝试 Hub-and-Spoke 的最大阻碍或许是收购或者控制多条管线所需的巨额资本，但是通过对 Centessa 和 Fortress Biotech 投资案例的讨论，目前实行 Hub-and-Spoke 模式所需的重量级初始资本问题或许可以借鉴 Fortress Biotech 的模式来解决，以参股或者外部大股东的方式参与管线的管理。我们期待国内有资本尝试 Hub-and-Spoke 模式，将投资组合、资源分配运用到药物研发上来。

SPAC 模式——以 4D pharma 以及 Gossamer Bio 为例

4D pharma plc(LBPS) 成立于 2021 年 2 月，是英国活体生物药的先驱企业，也是 Live Biotherapeutics 这种新型药物的开发领域的全球领导者。2020 年 10 月，4D 制药公司宣布有意与一家特殊目的收购公司（SPAC）的 Longevity Acquisition Corporation 合并，并寻求在纳斯达克上市。预计合并完成后，4D pharma 将以股票代码为"LBPS"在纳斯达克上市。2021 年 3 月 18 日，Longevity Acquisition Corporation 宣布股东投票同意双方合并交易，双方合并完成。同时，4D 公司将继续在伦敦证交所另类投资市场(AIM)上挂牌。至此，4D 公司完成了双重上市。

同样应用 SPAC 模式成功上市的还有美国医药公司 Gossamer Bio。2019 年 1 月 24 日，美国医药公司 Gossamer Bio 公司公布其绕过 SEC 的 IPO 条款，计划以 16 美元的价格发行 1 437.5 万股。它采用的方式是 SPAC 上市，以避免美国政府关门的影响。Gossamer Bio, Inc. 是一家临床阶段的生物制药公司，致力于发现、获取、开发和商业化免疫学、炎症和肿瘤学领域的疗法。Gossamer Bio 旨在开发出更多创新性的治疗方法，解决各种目标患者人群未被满足的医疗需求。此次 IPO，Gossamer Bio 将用筹集的资金推动其免疫疾病、炎症和肿瘤药物的开发。

医疗健康企业要重视 SPAC 赴美上市的融资渠道。首先，随着 2021 年 9 月港交所引入 SPAC，建议国内有意愿赴美赴港上市融资的医疗企业积极关注 SPAC 这一新型的上市工具，重视 SPAC 并购上市的融资渠道。其次，当我们从目标公司的视角辩证地来观察时，SPAC 作为一种传统 IPO 的替代上市路径，其在拥有独特优势的同时也仍存在一定的局限性，故拟上市公司在选择 SPAC 并购上市路径时，应结合优劣势分析，权衡利弊，考量成本效益，并在专业人员的协助下作出审慎的商业决策。

企业在选择 SPAC 并购上市模式赴境外上市融资时，建议企业关注 SPAC 上市过程中的合规风险、公司治理以及信息披露等相关要求。SPAC 上市需要严格遵循监管，由于中国企业自身对境外 SPAC 上市的各种规章制度缺乏系统的认知，因此必须挑选了解相关制度的中介机构，在合适的时点尽快搭好相应的公司架构，设立好相应的主体，来应对合规审查。同时在寻找合适的 SPAC 公司时，要把 SPAC 发起人团队的社会背景、行业资源和专业程度作为最重要的考量指标，同时要特别注意创始人及企业之前的历史和企业运营的合法性等等。

License out 模式——以 Ligand 为例

Ligand Pharmaceuticals Incorporated 于 1987 年成立于美国特拉华州，是一家专注于药物发现、早期药物开发、药物重新调配和对外合作的公司。与传统制药公司押宝于药品商业化不同，Ligand 将他们的商业模式定位"Shots-on-goal"。Ligand 不参与临床研究，仅进行临床前发现，并将药物权益 License-out 给其他药企进行临床研发和上市销售，按照里程碑模式获得各阶段临床成果以及商业化后的一定比例销售分成，是一家采用 License-out 模式的典型企业。

Ligand 运营 License-out 的核心主要是增加技术路线以及靶点的多样性，应对日新月异的医药创新，持续获得里程碑收入。Ligand 主要是通过并购的方式主动整合技术资源，组建技术平台；通过参股持有一些创新药公司的股权，其曾在 2014 年，以 5 个研发管线的全球独家权益换取了 Viking Therapeutics 48.7% 的股权，布局前沿技术。同时，Ligand 还会购买潜力较大的药物权益，例如：以 400 万美元的价格从瑞士公司 Selexis SA 购买了 15 个早期药物的权益，以 1 750 万美元的价格，获得了植入式医疗设备公司 CorMatrix 的血管、心脏等组织修复产品的权益；以 1 000 万美元，从 Palvella Therapeutics 获得了药物 PTX-022 的权益；以 1 200 万美元，从 Novan 获得药物 SB206 的权益。

据全球规模最大的生物技术行业组织之一 Biotechnology Innovation Organization、Informa Pharma Intelligence、QLS 联合发布的统计分析报告"Clinial Development Succes Rates and Contributing Factors 2011-2020"显示，药

物开发项目从Ⅰ期临床到获得美国FDA批准上市的成功率平均为7.9%，所需要的时间平均为10.5年。Ligand原与其他传统药企类似，面临着上述研发成功率低、研发生产周期长的瓶颈。公司自1997年于美国纳斯达克上市后，由于业绩无亮眼表现，股价持续低迷，一度从1997年末的54美元缩水至2011年末的11美元。对此，公司积极寻求转型，明确商业定位，专注于License-out模式。伴随2012年两个重磅产品Kyprolis（Amgen）和Promcata（诺华）推出市场，Ligand成功收取可观的专利费。随后公司进一步加大与其他制药公司合作，其中不乏Pfizer、Merck、Janssen等大型制药公司。截至目前，Ligand已成功与120多家制药和生物技术公司拥有合作伙伴关系和许可协议，其商业模式也逐步得到资本市场认可，截至2022年6月30日，公司股价成功攀升至89美元。

Ligand的实践表明，License-out模式下由于药物研发进展的不确定性，业绩的波动幅度较大，药企需要更加注重自身研发管线多样性的扩充以及研发团队的投入，实现丰富的技术储备，平滑单个热门靶点或技术路线偶然成功带来的业绩波动性。

药物特许权投资模式——以Royalty Pharma为例

Royalty Pharma是成立于1996年，与一般传统药企不同，Royalty Pharma既不做药也不卖药，而是不断寻找、评估、收购存在巨大市场潜力的药品的特许权资产，以换取未来相关药物的销售收入分成。

公司具体的商业模式为，先依靠股权融资、短期借款和长期债券募集资金，再凭借学术研究机构、世界各地的大药厂、中小型生物技术创新企业，以及医院和非营利组织寻找合适项目标的，通过①商业化阶段的药物特许权投资；②研发阶段的药物特许权投资；③并购交易中的非核心资产等模式，有效规避创新药研发成功率低，周期长等风险的同时，享有比普通债权更高的回报。

自创办以来，Royalty Pharma一共投资了约200亿美元收购药品特许权，占市场份额50%以上，是绝对的行业领头羊。截至目前，Royalty Pharma持有药物价值高达 150 亿美元，拥有 30 多个药物的特许权，其中 7 个名列美国最畅销的 30 种药物，包括长期位列全球最畅销的药物修美乐、多发硬化症重磅药物 Tecfidera 等多款重磅药物。2021 财年，公司特许权收入 26.09 亿美元，净利润 6.2 亿美元，市值超 200 亿美元。

目前国内新药开发正处于百花齐放的阶段，现代新药开发的精细化分工使得一款新药的开发总是涉及多方参与，考虑到国内药企多为大型规模的背景，一家公司可能拥有多条管线多款药品，因此仅购买单药权益的药物特许权投资将特别匹配国情，这也启示了国内药企对药物特许权投资的探索。

药物特许权投资允许公司仅获得单药权益，无需关心创新药公司其他的管线研发情况及费用，仅从感兴趣的单药净销售额中获益，而不用收购或控股全部管线，这对于未拥有雄厚资本的国内公司利好，允许更多国内公司加入对单独管线的投资市场。除此之外，单药权益在权益转让、寻求外部合作上更灵活，这也对仅拥有少数管线的初创公司的融资需求利好。

第五章
穿越寒冬

第一节　投资新模式的本土化应用

1. 海外医药产业园模式的借鉴意义

虽然各国的医药产业园各自优势均有所不同，但依然存在一些共通点。企业可以参考这些共同点，立足自身，对以后的发展进行规划。

做好人才储备规划

根据相关统计2015—2020年，新成立的生物制药公司达到23.31万家[①]。"僧多粥少"的情况更考验着药企吸引人才的能力，那么如何精准地找到并吸引有潜力的人才，直接关系着企业日后的发展。

首先，在进行招聘时，公司要思考自己对职位的要求，不迁就，找到真正对的人才。哪怕这个过程长一点，难一点也不要着急。因为一旦找错了再来一次其实花费的成本更多。

其次，要做好人才的职业路径规划，合理使用股权激励等方式，让员工对企业有归属感。由于初创药企本身体量较小且风险较高，因此留住现有的人才，对企业长远发展来说，可能是最为稳定且性价比较高的方式。

再次，尽可能地与周边名校建立良好的关系，使用高校已有的人才及他们的人际关系，为企业的研发及创新能力添砖加瓦。

---

① 根据全国市场主体登记注册服务网数据整理。

最后，可以"借船出海，借鸡生蛋"，将人才储备库的范围扩大，利用各地人才优选政策，从世界各国和地区招贤纳士为己所用。

发挥外部优惠政策效能

虽然投融资市场暂时回落，市场中很多因素充满不确定性。好在，我国政策的长期性和延续性给了市场参与主体以稳定预期。

多地仍在正在大力推行生物医药产业的发展，努力建设具有各地特色的生物医药产业园，也有大量的优惠政策倾斜，如税收优惠、研发津贴、人才津贴等。企业应对这些政策保持一定的敏感度，及时申请享受相关补助，降低自己的用人成本及研发成本等。

合理利用资源聚集优势

生物医药产业园为企业带来了资源聚集优势。但这一优势却并非送到嘴边，需要企业积极思考勇于探索，找到合理利用园区资源，在上下游企业间建立战略合作关系，获得技术、信息、价格等方面的优势，减少企业运行的成本，获得更大的效益。

清醒的认识

初创生物企业要对自己的研发产物及今后的市场有清晰的认识，一方面要努力提高自生的创新能力，另一方面也要同时关注研发成果能否成功的给企业带来价值增值及利润的最大化。只有同时关注这两点，企业才能在目前众多的同质公司中向投资人展现自身的价值，从而获得更多的资金注入，为企业发展带来新的血液，实现良性循环。

2. 海外风险投资 / 私募股权基金的借鉴意义

中国的医疗健康产业已经发展成为一个近 4 万亿的市场。各方资本依旧纷纷涌入，投资量级节节攀升。优质的民营医院集团、具有平台潜力的医疗器械公司、拥有核心知识产权的生物制药公司，以及精准医疗、专科医疗等新兴板块，不断成为热门标的。

与此同时，上市公司、独立投资人、学者型投资人纷纷加入投资，使得优质项目的竞争愈演愈烈。然而，目前医药行业发展增速出现放缓的趋势，中国医药工业主营业务利润增速从 2009 年 35% 降为 2020 年的 10.7%[①]。与产业所面临的压力的不同，资本对于医药投资却保持乐观，投资热度不断增加。在此情况下，优质医药项目稀缺、行业出现一定程度的泡沫，如何保持可持续的发展值得深入思考。

从海外风险投资/私募股权基金的模式来看，对于国内投资基金运营，医药企业需要注意和基金管理方保持良好的合作关系，保证自己有充足的外部投资人。中小企业如果有发展潜力和发展机会，但缺少资金，可以主动与私募股权投资基金进行接洽寻求投资，在实现中小企业融资目的下尽可能地降低融资的时间成本与金钱成本。同时，企业也要有自身能吸引人的卖点，在创新能力、市场前瞻等方面发挥长远的眼光，突出人才优势，以此吸引更多的投资人。

此外，IPO 作为一种募备资金的重要方式，能有效解决企业融资的问题，能够使企业募备资金的模式发生深刻变化。新股东的流入能为企业带来新鲜的血液和生命，推动企业朝着现代企业制度的方向发展。

第二节　出海 2.0

中国对全球医药研发的贡献率逐年上升，成为全球医药研发版图上的新力量。基于此，国内新药研发体系逐步升级，热门靶点的布局进入收获期，一批 Biotech 企业不断成长为具备商业化能力的 Biopharma 企业，以 License-out 为代表的出海交易频现。以恒瑞为代表的中国药企在过去几十年，更是历经了从"仿制→仿创结合→创新，良莠不齐→唯优取胜，国内→出海"的发展历程。

2022 年是我国创新药出海大考之年，多款国产创新药迎来 FDA 审批意见，

---

① 数据来源：2020 年中国医药工业经济运行报告，工业和信息化部消费品司和中国医药企业协会，2021。在疫情影响下，这一趋势在 2021 年和 2022 年逆转。

国产创新药的出海逻辑迎来验证。根据相关统计，2022年全年有超过140家中国企业公布了超过400条出海合作的相关消息[①]。

在2022年年初信达PD-1因为缺少更多代表美国患者人群的国际多中心临床试验数据而被FDA拒之门外之后，我们看到的是接连不断的好消息：传奇生物BCMA CAR-T细胞疗法在欧美主流市场得到批准，冠昊生物用于成人斑块型银屑病局部治疗的小分子首创新药本维莫德也获得FDA批准；科伦药业、康方生物等多家中国药企的临床项目或产品成功实现海外授权，且多项交易金额破10亿美元；与此同时，中美双报、国际多中心临床试验越发普遍。

对于创新药企来说，中国创新药接受国际化市场检验的格局已经形成。我国企业的研发实力正在获得国际认可，为中国新药进入海外市场确立了标杆；同时，从海外授权获得的资金也将为企业发展提供更多空间，形成良性循环。达到今天这一局面来之不易。中国医药从原料药出口到仿制药出海，再到今天国产创新药的出海逻辑迎来验证，从预期转变为实际落地，确实是业界同仁的一项共同成就。

表 5-1：截至 2023 年 1 月完成 FDA 审批的国产创新药情况

公司	药物	审评时间	适应症	结果
信达生物	信迪利单抗	2022.02	一线联合化疗治疗非鳞非小细胞肺癌	未通过
传奇生物	西达基奥仑塞	2022.02	4线治疗承认多发性骨髓瘤	通过
和黄医药	索凡替尼	2022.04	胰腺和非胰腺神经内分泌瘤	未通过
君实生物	特瑞普利单抗	2022.04	鼻咽癌	未通过
天济医药	本维莫德	2022.05	局部治疗成人轻至中度稳定性寻常型银屑病	通过
百济神州	替雷利珠单抗	2022.07	2线食管鳞癌	未通过

数据来源：FDA.gov

---

① 《为有出海多壮志，敢叫新药满人间》，药时代，2022年。

表 5-2 2022 年中国 License-out 项目前十名

排名	药物	转让方	受让方	首付款（亿美元）	总金额（亿美元）
1	依沃西单抗（PD-1/VEG 双抗）	康方生物	Summit Therapeutics	5	50
2	戈沙妥珠单抗（Trop2-ADC）	云顶新耀	Immunomedics	2.8	4.55
3	JMKX002992（AR PROTAC）	济民可信	基因泰克（罗氏）	0.6	6.5
4	SKB264（CLDN18/2 ADC）	科伦博泰	默沙东	0.47	14.1
5	SKB315（CLDN18.2 ADC）	科伦博泰	默沙东	0.35	9.36
6	JS006（TIGIT 单抗）	君实生物	Coherus BioSciences	0.35	2.9
7	TLC599（地塞米松磷酸钠）	台湾维脂体	Endo International	0.3	1.4
8	SYSA1801（CLDN18.2 ADC）	石药巨石生物	Elevation Oncology	0.27	11.95
9	HBM7022（CLDN18.2/CD3 双抗）	和铂医药	阿斯利康	0.25	3.5
10	LM-302（CLDN18.2 ADC）	礼新医药	Turning Point	0.25	10

数据来源：医药魔方

1. 出海原因

在大部分行业受到新冠疫情冲击之时，医疗健康行业却迎来了机遇。从防疫物资到新冠病毒核酸检测产品再到新冠疫苗，国内研发生产相关产品的企业获得了大量海外订单，出口到英国、法国等一百多个国家和地区，在业绩上实现了数倍增长。目前疫情已过，医疗创新解决方案的出海趋势却并未停止。

另外，在政策层面，2017 年，我国正式加入国际人用药品注册技术协调会（ICH），国内外临床试验数据实现互认，监管体系逐步接轨国际。2019 年，《多区域临床试验计划与设计的一般规则》（即 ICH E17 指导原则）实施公告正式在我国公布，标志着我国在多区域临床试验的顶层设计上与国际全面对接。在这一规则下，药企可以在早期临床研究阶段就同步制定国际研发策略，实现全球同步研发和新药申报。客观条件的改善，使更多具有前沿布局的企业加快国际化创新步伐，企业出海的动机和原因也变得多元化。

一是随着我国大力推进医药创新产业发展，本土药企的研发能力逐渐增强，研发体系逐步升级，本土创新药的研发已经得到了海外知名药企的认可，出海之路势不可挡。如今不断完善的药品审批制度以及专为创新药开放的快速审批通道，以及各路资本和人才引进政策的加入，使得我国生物医药进入了创新药发展的利好时代，据统计 2018—2021 年已有 75 家药企通过科创板和港股上市，这标志着我国医药行业已从仿制 1.0 时代迈向了创新 2.0 的新阶段。

二是国内外医疗制度的不同，国外市场对创新药更高的接受态度，导致本土创新药需要加速出海以获取更多的利润空间。相比于医保的大力砍价，美国的药品定价更加鼓励有竞争力的药品进入市场，只要创新药足够优秀，通常能够获得更高的定价。此外，国外制度上的完善，例如数据保护、专利链接制度等允许药品获得更长的专利保护和市场独占时期，这些政策形成了海外新药的坚固市场壁垒。

三是近几年来本土药企发展迅速，聚焦于同一赛道的产品较为集中，从 PD-1 到 CAR-T 同质化竞争的叠加，让中国创新药企逐渐意识到，依托单一品种实现大幅盈利的日子一去不复返，甚至难以平衡前期的研发投入。中国创新药质量好、价格合适、药企服务也好，更适合一些发展中国家的需求，因此中国企业急需走出国门，寻求新的需求和客户，出海将是成为国际化大药企的基础。

2. 区域选择

海外布局目标国家的选择，是一个综合性的考虑。比如，对疾病谱、注册监管、竞争格局/现有治疗的可用性、未满足的需求、患者群体/流行病学、税收环境等，结合产品自身特点选择合适的市场。而对于全球市场的准入，可基于药物的国际参考定价、上市时间、报销时间、准入障碍、符合条件的患者人数、收入权衡等制定准入的策略和顺序。

（1）美欧

美欧市场的高昂价格空间，是大多"出海"企业们板上钉钉的角逐之地，甚至也是不少投资人"点名要求"的目标市场。

从药品价格上来看，美国堪称全球药价最贵的国家、欧洲次之。根据BCG报告分析，以全球最畅销的25个药品为样本，美国的药价是我国平均药价的10倍，欧洲多个国家的药价也在我国平均药价的两倍左右。创新药在首个上市国家的定价对在其他国家的定价具有锚定效应，美欧因此成为众多创新药企出海的首选，也就不足为奇了。

从市场规模来看，美国和欧洲五国市场[①]在2020年占全球药品市场份额的60%以上，中国为8.7%[②]。而在这些经济较为发达的国家和地区，因生活方式和消费水平的差异，肿瘤、免疫性疾病等创新治疗方案具有优势的领域市场占比也更高。

美国是全球最大商品进口国，人群消费潜力巨大，众多优质企业到海外上市的首选也是美国。目前众多医疗行业企业的创始人大部分都是海归，留美人士居多，这部分人群对于美国的市场、政策法规相对有更充分的了解。

另外，美国在医疗行业的政策法规方面做到了国际化、标准化、透明化，进入美国市场在政策法规上面临的风险相对而言比发展中国家更小。借助美国完善的监管体系，在美国申报上市成功后，可证明产品的临床价值，对产品在其他地区的销售有极大帮助。但近年来中美关系愈发紧张，中美贸易的摩擦在很大程度上会影响到中国企业在美国市场的立足与发展。

美国的医药创新能力有目共睹，而欧洲也是生物医药企业推出新药的重要

[①] 欧洲五国包括：英国、德国、法国、意大利、西班牙。
[②] 此处及上述美欧与我国平均药价差异数据均参考《扬帆远航 创新药出海模式各显神通》，BCG，2022年。

市场，占全球药品总市场的 20%，且重磅新药上市时间通常仅比美国晚一年甚至半年时间，因此仍能取得同类首创或同类最优药物的最佳市场价值。无论是在美国还是在欧洲国家，生物医药企业都将寻求在美国、欧洲两地市场的扩张作为重要任务。

但是美欧地区以高进入门槛闻名。美国市场的监管强度在前文中已经有所涉及。而欧洲市场的门槛在于其分散的特点。这种分散既包括多达三十几个国家和地区的地域分散，也包括由此带来的监管上的复杂度。例如，生物制药产品的上市不仅需要获得欧洲药品管理局 (EMA) 的监管批准，在一些国家还需要得到本国地方或地区监管当局的批准。除此之外，欧洲诸国中的每个市场都有不尽相同的医疗系统、相互间独立的医疗技术评估和支付流程。英国脱欧带来的潜在影响，英国药品和保健品监管机构 (MHRA) 在此间承担的作用等，也都给这一市场带来不确定性。这些因素皆在临床试验、跨境合作和市场准入等环节对企业形成挑战。若是对这一复杂局面没有提前的余盘和详细应对计划，很容易在付出极大成本之后仍不能充分满足整体进入欧洲市场的预期。

（2）澳大利亚

在美欧之外，澳大利亚也成为本土药企出海偏爱的地区之一。2021 年 10 月 7 日，百济神州在其官网[①]宣布，旗下产品百悦泽®（泽布替尼）在澳大利亚首次获批用于治疗既往接受过至少一种疗法的华氏巨球蛋白血症（WM）成人患者，或作为一线疗法用于治疗不适合化学免疫治疗的患者。紧接着，四天之后，百济神州又在其官网宣布百悦泽®（泽布替尼）在澳大利亚获批用于治疗既往接受过至少一种疗法的套细胞淋巴瘤（MCL）成人患者。作为出海成绩较为显著的生物医药企业，百济神州显然将澳大利亚作为其海外市场版图的重要一部分。

澳大利亚作为被认可的生命科学研究的世界级中心，拥有一流的医学研究基础设施和多种族的人口结构，也是临床试验领域极富吸引力和竞争力的热门

---

① https://sseir.beigene.com/news-events/press-releases，2022 年 12 月。

地点。根据相关数据统计，每年全球约有超过 1 200 个[①]关于药品和医疗设备的新临床试验在澳大利亚进行，临床试验严格执行 FDA 和 ICH-GCP 标准，所得的临床研究数据得到美国和欧盟的认可。

具体来讲，澳大利亚得天独厚的优势包括以下几个方面：

优惠的财政激励政策

针对生命科学、医疗科技和医学交叉学科类型的企业，当地政府在企业符合注册要求的前提下会提供税收抵扣和非现金返还的税收优惠政策。与此同时，若企业对相关海外经验和资源有所需求，当地政府有相应机制提供协助。

高效的监管审批流程

澳大利亚的临床审批流程力求简化，透明化管理程度很高。人类研究伦理委员会（HREC）作为主要机构，负责大部分的临床试验审批；而澳大利亚管理委员会则负责对临床试验受试者的安全进审核。人类研究伦理委员会通常在数周内便能完成批准流程，5～7 个工作日完成随后的通知备案，确保项目顺利进行。

优质的数据支持质量

临床数据作为对临床事实的一系列记录，在研究疾病发生机制、疾病临床知识、疾病发展过程、药物疗效和安全性等方面作用重要，也是审批能否顺利通关的关键。澳大利亚的医疗资源持续提供高标准的临床试验，辅之以临床前研究的高质量，为整个临床试验阶段提供支持。

当然，除了以上提到的这些优势，还有包括地理、时区优势，澳大利亚和中国时差 2 个小时，方便展开合作。比如针对研究类似流感病毒的研究，中国位于北半球因为季节原因不便进行研究工作，澳大利亚作为南半球的理想之地就可以正常进行研究工作。此外澳大利亚人种范围广，在临床早期就可以看到新药在不同人种之间是否存在差异。

---

① www.asco.org，2022 年 12 月。

（3）东南亚

东南亚由10个东盟国家组成，包括新加坡、泰国、越南、文莱、柬埔寨、印度尼西亚、老挝、马来西亚、缅甸和菲律宾，地区人口众多，但很多国家的医疗保健水平仍然不高，作为"一带一路"倡议合作区域，东南亚对中国生物医药企业而言，无疑是极具潜力的市场。

中国与东盟国家之间的贸易往来在地缘政治动荡的大背景下经受住了考验。2022年我国与东盟贸易总值达6.52万亿元，增长15%[1]。根据相关预测，至2022年底，印尼、马来西亚、新加坡、泰国和越南等东盟五国有5 000万人口可支配收入达到3 000亿美金，进入中产阶级行列[2]；同时，这一地区亦面临人口老龄化问题，医疗卫生料将显著上涨。由于各种原因，东盟大部分国家的药品依然依赖进口，这给了中国医药企业极大的海外市场拓展机会，国产药品有望在东盟地区国家持续收获增长。

在众多License-in商业化合作中我们也注意到，中国市场的商业化权益往往与新加坡、印尼、菲律宾等国捆绑在一起。这一趋势无疑也印证了东盟国家对于中国药企的重要性。

其中，新加坡作为东南亚地区的经济中心，一直是国内企业进军东南亚市场时的首选所在地。药企在新加坡设立研发和生产中心，亦承担着辐射东南亚市场的重担。金斯瑞生物、新格元生物、科兴、复星等企业陆续在新加坡设立研发中心。

近年来的众多案例，无论是中药、化药还是细胞治疗等生物药方案，都越来越多在新加坡启动临床试验或获批上市。这其中包括2020年5月新加坡卫生科学局对连花清瘟胶囊签发"中成药"注册批文，同年11月基石药业向新加坡提交艾伏尼布的新药上市申请，2022年2月云顶新耀戈沙妥珠单抗的三阴乳腺癌适应症获得新加坡卫生科学局批准，同3月德琪医药的塞利尼索获得新加坡卫生科学局的上市许可等。这些成功案例揭示了新加坡所具有的独特

---

[1] 中华人民共和国驻东盟使团经济商务处：《2022年中国—东盟贸易增长强劲》，《贸易快报》，2023年。
[2] 《瞄准亚洲市场》，Pacific Bridge Medical，2022。

优势。

地理位置及资源优势

新加坡毗邻马来西亚和印尼，处于东盟 10 国较为中心位置，由于新加坡地处马六甲海峡，全球 25 大航运公司有 20 多家在新设立基地，其中约有 10 家能提供专门的医疗物流服务，这无疑带来物流运输的便利。此外，从中国国内机场起飞至新加坡樟宜机场，约为 6 个小时；并且由于华人人口占比高达 70% 以上，汉语更是新加坡重要官方语言之一，大大地减少中西文化壁垒，方便了两地人员的往来交流与管理。

在国际研发合作方面，新加坡作为 Eureka network 的准会员，可以与 45 个成员国共同开展研发创新活动，并且获得相应的资金支持。企业立足新加坡，将其作为亚太地区的区域创新枢纽，可触及全球领域的科学家资源，更灵活地为客户提供高质量服务，进一步赋能全球合作伙伴。

丰富的临床研究网络和临床试验机构

为提升临床研究的效率和质量，新加坡搭建了众多临床研究网络。如新加坡临床研究所（SCRI）在妇科癌症、胸腔肿瘤、肝癌等领域建立了临床研究网络，该网络覆盖亚洲知名科学家、PI 等专家资源。另外值得一提的是，Singhealth Duke-NUS 学术医学中心是全球最大的学术医学中心之一，其中包含了新加坡国立癌症中心、新加坡国家心脏中心等在内的由多学科组成的医疗网络，支持开展各类学术临床项目、临床研究等相关合作。

新加坡丰富的临床试验网络、快速协调能力及早期临床试验的高成功率吸引了大批企业的关注。如天演药业与新加坡国立癌症中心（NCCS）、新加坡转化癌症研究联盟（STCC）等机构合作开展抗 CD137 激动型抗体 ADG106 与抗 PD-1 抗体纳武单抗联合使用的 Ib/II 期临床试验。

对我国药企来说，选择以新加坡作为进入东南亚的支点，凭借这座被称为"东南亚 101 课堂"的中心城市所具备的高效营商环境，快速建立辐射东盟其他各国的区域化能力，进而迈开国际化步伐，可以当作本土企业风险更低、效率更高、成功率更有保障的一种策略。

3. 出海方式

生物医药出海是指将国内的生物医药产品或服务推向国外市场，以实现业务拓展和全球化战略。从出海方式上来说，药企可以利用自身充足的资金、人才等资源在海外开展临床试验或者直接建立研发中心，甚至收购海外企业；或根据自身资源，将产品整体授权跨国药企、龙头经销商等，获得授权费和销售分成；或从产品研发阶段就与国外企业进行合作，以分担成本和收益。

自主出海

自主出海即中国药企利用自身充足的资金、人才等资源在海外开展临床试验或者直接建立研发中心，甚至收购海外企业。

2019年11月14日，百济神州在其官网[①]宣布，自主研发的BTK抑制剂泽布替尼通过美国食品药品监督管理局（FDA）批准，用于治疗既往接受过至少一项疗法的成年套细胞淋巴瘤患者，成为第一款完全由中国企业自主研发、并在美国获准上市的抗癌新药。随后的12月，石药集团高血压专利药马来酸左旋氨氯地平在FDA获批，拿到进入美国市场的通行证。

借船出海

借船出海，包括License-out，专利授权，中国药企把自己产品的海外/全球权益卖给海外企业。海外企业接过接力棒，负责后续的临床开发、申报上市、生产和销售等工作。这也是目前我国企业采用最多的"出海"方式。

例如，康方生物于2022年12月授予Summit Therapeutics在美国、加拿大、欧洲和日本的开发和商业化依沃西（PD-1/VEGF双特异性抗体）的独家许可权；康方生物保留依沃西除以上地区之外的开发和商业化权利，包括中国；此外，康方生物在SUMMIT的协议许可地区拥有该产品的联名品牌权益。总交易金额最高为50亿美元，其中首付款为5亿美元。

联手出海

联手出海，即中国药企和海外药企从研发阶段进行合作，分担成本和收

---

① https://sseir.beigene.com/news-events/press-releases/，2022年12月。

益，是一种折中的形式；或通过股权授权、销售渠道的合作等，主要通过找到当地某方面比较成熟的企业开展合作。

2022年3月2日，天演药业宣布与赛诺菲达成一项首付款1750万美元、最高获利25亿美元的研究合作与独家技术授权协议，天演将使用其独特的安全抗体SAFEbody®技术开发赛诺菲提供的新一代单克隆与双特异性抗体的精准掩蔽型安全抗体，而赛诺菲将负责未来进一步的研发、产品开发与商业化活动。

表5-3 2022年中国License-out项目前十名

排名	药物	转让方	受让方	首付款（亿美元）	总金额（亿美元）
1	依沃西单抗（PD-1/VEG双抗）	康方生物	Summit Therapeutics	5	50
2	戈沙妥珠单抗（Trop2-ADC）	云顶新耀	Immunomedics	2.8	4.55
3	JMKX002992（AR PROTAC）	济民可信	Genentech (Roche)	0.6	6.5
4	SKB264（CLDN18/2 ADC)	科伦博泰	MSD	0.47	14.1
5	SKB315（CLDN18.2 ADC）	科伦博泰	MSD	0.35	9.36
6	JS006 (TIGIT单抗)	君实生物	Coherus BioSciences	0.35	2.9
7	TLC599（地塞米松磷酸钠）	台湾维脂体	Endo International	0.3	1.4
8	SYSA1801（CLDN18.2 ADC）	石药巨石生物	Elevation Oncology	0.27	11.95
9	HBM7022（CLDN18.2/CD3双抗）	和铂医药	AstraZeneca	0.25	3.5
10	LM-302（CLDN18.2 ADC）	礼新医药	Turning Point	0.25	10

4. 面临挑战

挑战与机遇并存，生物医药的出海之路任重道远，在看过众多生物医药企业成功出海案例的同时，我们对面临的挑战也应有清醒认识。

注册监管

监管环境是生物医药企业出海所面临的一个重要挑战。不同国家和地区的监管体系等存在很大差异，即使在同一个国家注册监管，受临床需求、产品所在治疗领域、竞争等因素，对企业提交临床数据的要求也不尽相同。此外，审批的结果也可能因为不同的监管要求而存在差异，需要生物医药企业对产品的规格、标签、说明书等，甚至是生产载体的位置进行不同程度的调整；产品的生产、销售、安全性和有效性也会得到不同程度的许可和监管。而由于某些原因，海外监管机构对于我国的数据通常持更为审慎的态度。

因此，在考虑注册临床投入过程中，需要参考历史案例及最新的监管趋势，充分考虑监管方的利益诉求和考量点，保持与海外监管机构的积极沟通、消弭信息不对称；站在监管的角度理解其对相关疾病药物上市审核的考量因素，针对临床急需、未满足需求大的领域，绿色通道及加速审批的机会更大，突破性疗法临床开发投入相对风险更低，在数据上的要求灵活度更高。

2022 年以来，信达生物、和黄医药接连被 FDA 拒之门外，被拒理由相似，均为缺少更多代表美国患者人群的国际多中心临床试验数据。2022 年 3 月，FDA 在给信达生物的回复中指出，信达生物旗下相关产品试验仅在中国进行，而不是在全球多中心进行临床试验，鉴于临床试验的单一国家性质，其结果不适用于美国患者。2022 年 5 月，FDA 认为和黄医药当前基于两项成功的中国 III 期研究以及一项美国桥接研究的数据包，尚不足以支持药品现时于美国获批，企业需要纳入更多代表美国患者人群的国际多中心临床试验，以支持其在美国获批。

对美国市场来说，国产创新药成本更低，能够为病人提供更实惠的治疗方案。但是，美国更看重临床试验的设计以及临床试验的结果。据统计，近两年被 FDA 拒绝批准上市的 26 个新药中，首要原因即是"临床获益不明确（46%）"；同时，"缺乏国际多区域临床试验数据（15%）"也是主要原因之一。[①] 目前尚处于临床开发阶段的中国药物的美国上市申请中，大部分主要或完全呈现的是来自中国的临床试验数据。而对国内创新药企来说，增加临床试验数据就意味着更长的试验时间和成本。

在美国相关监管机构看来，中国和美国病人在病种、用药管理方面有较大差异，所以监管机构会格外看重临床试验数据。另外，与已经上市的药物同质化的新药也会被相关监管机构拒之门外，尽管新药的价格可能会更低，但降价过多的新药还会引起反垄断调查。美国市场更看重药物对应的适应症和药物的安全性。

知识产权

生物医药企业的核心技术和专利权需要在海外得到保护，同时需要避免侵犯当地企业的知识产权，避免法律纠纷。在某些国家，知识产权保护可能不如发达国家完善，而且存在侵权风险，这会对外国公司在当地开展业务带来一定的风险。企业需要在海外申请专利保护，以保护其核心技术和知识产权。不同国家和地区的专利保护规定和要求存在差异，需要了解当地的专利保护法律法规和程序，以确保他们能够在未侵犯当地企业知识产权的情况下合法地保护其知识产权。此外，技术转移可能涉及技术许可、技术合作、技术转让等形式，生物医药企业需要与当地的合作伙伴进行技术转移谈判，并签订合适的技术转移协议。

米拉蒂医疗股份有限公司于 2022 年 11 月向上海知识产权法院提交起诉状，称益方生物科技（上海）股份有限公司及其全资子公司益方生物科技有限责任公司侵害米拉蒂公司和亚雷生物医药股份有限公司技术秘密。米拉蒂公司要求法院判令上述被告停止侵权行为，要求法院确认相关专利权/专利申请权归米拉蒂公司与亚雷公司所有，并要求公司、美国益方及相关董事共同赔偿

---

① 《FDA 审批新药改革变迁之中国创新药出海破局》，高特佳研究院，2023 年。

米拉蒂公司经济损失及合理费用共计人民币 9 900 万元。美国制药公司 Viking Therapeutics 近日就候选药物 ASC41 及 ASC43F 向歌礼、其创始人吴劲梓博士及歌礼若干附属公司作出若干控告。一项控告向位于华盛顿特区的美国国际贸易委员会提出，另一项控告则向加利福尼亚州南区圣迭戈分部的美国地方法院提出，各项控告所列指控相似，涉及所谓的盗取商业机密和违反合同。根据卷宗，为了促成潜在交易，Viking 在 2016 年和 2019 年举行的两次会议上披露了该药物的关键数据，这两次会议歌礼都签署了保密不披露协议（CDA）。2019 年，歌礼获准接触了一个多月 VK2809 的相关数据，其后歌礼便退出了交易。大约六个月后，歌礼成立了专注于非酒精性脂性肝炎（NASH）的全资子公司甘莱制药。2020 年第一季度，甘莱制药开始自主研发用于治疗 NASH 的口服 THRβ 激动剂 ASC41。Viking 的指控还提到了歌礼旗下的 ASC43F，这是一种基于 ASC41 开发的双靶点固定剂量复方制剂（FDC）口服片剂，拟用于治疗 NASH。

新冠疫情

过去三年，新冠病毒横扫全世界，造成了巨大的影响，临床试验也难以幸免。疫情期间日常医疗无法得到保证，临床试验更加无法继续，包括按照临床试验方案中规定的访视，患者被要求非必要不可跨市，所有慢性病患者的常规用药都出现严重的供给不足，临床试验的定点药物就更难按临床试验方案的规定进行配发。这意味着，很多国内药企将无法为进行中的临床试验入组新的患者，研究的质量受到影响的风险大大增加，研究成本也大幅度攀升，越来越大的压力之下，最终这些企业将不得不暂停或者终止临床试验，包括国际多中心临床试验。

比如全球制药巨擘礼来曾在 2020 年 3 月底决定对大多数新进行的临床研究上踩下"刹车"。礼来成为第一家宣布因新冠病毒暴发而推迟临床试验的大型制药公司，其研发经费规模高达 60 亿美金。无独有偶，几乎同一时间，比利时生物技术公司 Galapagos 也表示，为了保护患者的安全，已暂停与吉利德合作的 JAK 抑制剂 filgotinib 的七项正在进行的 II 期和 III 期试验。

商业国际化

据BCG报告[1]分析，创新药出海通常呈现阶段式发展模式：第一阶段是产品授权的国际化阶段。在这一阶段，企业通过授权费+销售提成的方式获取海外市场的一杯羹。第二阶段为临床/研发的国际化阶段。在这一阶段，企业开展国际多中心临床试验，或在海外建立研发中心，实现产品海外的批准审核。第三阶段为商业国际化阶段。在这一阶段，企业能够通过自身力量或与跨国药企合作，建立海外商业化团队，实现在当地销售规模增长。

我国生物医药企业在上述第一阶段已经越发成熟，表现为无论是在创新药海外授权的数量上还是涉及金额上都在显著提高。而随着"中美双报"和国际多中心临床试验在创新药企中的普遍化，我国在出海第二阶段的发展被逐渐夯实。这正是我们将本节定名为出海2.0的初衷。

对于第三阶段，即商业国际化阶段，我国生物医药企业目前显然还处在探索期。企业寻求国际化的目标无外乎技术和市场。对于创新药企业来说，技术具有极强的流动性，无论是人才和专利，都有成熟的路径引入本土。但市场却需要企业走出去获得。建立扎根当地的商业化团队，或与跨国药企建立基于强信任关系的长期商业化合作模式，带来真金白银的市场收益和口碑，才是一家生物医药企业真正进入国际市场的标志。

商业国际化阶段，对我国生物医药企业战略能力、合作能力和管理能力均提出严峻挑战。同时，当前复杂多变的地缘政治形势、全球供应链的再整合和我国生物医药企业在国际市场上的声誉及合作关系等外部因素，也对顺利实现商业国际化形成障碍。

因此目前在这一阶段有所尝试的本土企业较少。较为引人关注的案例包括百济神州在美国自建的商业化团队，负责泽布替尼的海外销售。

---

[1] 《中国药企创新药出海总体趋势与挑战》，BCG，2022年。

5. 案例分析

案例一：百济神州生物科技有限公司

出海情况概述

百济神州是一家全球性、商业阶段的生物科技公司，专注于研究、开发、生产以及商业化创新型药物。根据其公布的 A 股业绩快报数据，百济神州 2021 年全年实现营业收入达到人民币 75.89 亿元，同比大增 257.9%。同时，公司净亏损相较 2020 年同期减少约 13 亿元，同比收窄 13%。公司全年研发费用约 95 亿元，同比增长 15%。除了营业收入的高速增长，其背后的结构性变化更为值得关注，也更能清晰地凸显百济的战略优势与发展方向。在百济神州全年 75.89 亿收入中，有 34.99 亿元来自两款产品向诺华授权的收入确认，还有 40.9 亿来自产品销售收入，其中包含泽布替尼在美国市场的销售收入 7.46 亿元，也就是说全年来自国际市场的收入至少有 42.45 亿元，占比超过 55%。

全球化进展

在研发方面，百济神州打造了一支由超过 700 名科学家组成的全球研究团队，建设了多元化的前沿新药技术平台，包括高通量筛选、虚拟筛选、化学激活的降解技术 CDAC、功能基因组技术、免疫激活 ADC 和杀伤型 ADC 等。

在临床方面，百济神州的临床开发团队拥有超 2 200 人，遍布中国、美国、澳大利亚、欧洲等地，是全球肿瘤领域最大的临床开发团队之一。截至 2021 年底，百济神州在超过 45 个国家和地区执行超过 100 项计划中或正在进行的临床试验，包括 38 项Ⅲ期或潜在注册可用的临床试验，总入组患者及健康受试者超过 10 000 人，其中海外入组接近半数。

在商业化方面，百济神州已经在中国、美国、欧洲等多个地区都建立了由当地人组成的商业化团队，规模超过 3 400 人，产品的商业化布局已经覆盖了巴西、以色列、韩国、俄罗斯、澳大利亚等 40 多个国家或地区。

布局海外基地

截至 2020 年 9 月 30 日，公司在亚洲、北美、欧洲共设立十余个研发中心或办公室，在全球拥有 4 596 名员工，以支持公司的全球化研发、临床试验开展和商业化活动。未来随着公司产品的不断获批、临床进度的持续推进和产品管线的进一步扩充，公司业务规模将呈现持续快速增长，对公司在战略规划、全球架构设置、企业文化建设、资源配置、运营管理、内部控制等方面的管理水平提出更高的要求。

案例二：博瑞生物医药（苏州）股份有限公司

出海情况概述

博瑞生物是一家聚焦于首仿、难仿、特色原料药、复杂制剂和原创性新药的创新型制药企业。根据公布的 A 股业绩快报数据，博瑞医药实现产品销售收入 92 779.53 万元，较上年同期增长 38.38%，主要产品在日本和欧美市场下游客户制剂上市后进入放量阶段，原料药需求增加，收入同比增长 103.29%，同时，一带一路市场拓展顺利，磺达肝癸钠原料药收入同比增长 243.57%。

市场准入

博瑞医药药品生产体系通过了中国、美国、欧盟、日本和韩国的官方 GMP 认证，产品覆盖了中国、欧盟、美国、日本、韩国以及其他"一带一路"国家或地区。公司自主研发和生产的多个医药中间体和原料药产品已经在美欧日韩等主要的国际规范市场国家和中国进行了 DMF 注册并获得了客户的引用，建立起具有全球竞争优势的产品线。

2021 年博瑞医药恩替卡韦片在印度尼西亚获批，阿加曲班原料药在日本已通过技术评审，舒更葡糖钠及磷酸奥司他韦原料药已在韩国完成预注册，米卡芬净钠两个中间体通过美国 FDA 技术审评；另有注射用米卡芬净钠已向印度尼西亚递交 DMF，磷酸奥司他韦原料药、盐酸达巴万星原料药等 6 款原料药和西罗莫司、美登素 DM1 等 3 款中间体已向美国 FDA 递交 DMF，舒更葡糖钠等 2 款原料药已向欧洲递交 ASMF，米卡芬净钠原料药已向日本递交 MF，恩替卡韦原料药已向韩国递交 DMF。恩替卡韦片已向 WHO 提交 PQ 申请，并于 2021 年通过了 WHO 的 PQ 认证。

布局海外基地

博瑞医药 2021 年布局海外工厂，新增对博瑞印尼 330 万美元投资，是博瑞医药在海外合资建立的第一个原料药和制剂生产企业，为印尼提供本土生产的原料药和制剂。截至 2021 年，博瑞印尼以 MAH 模式申报的磷酸奥司他韦胶囊已通过印尼 BPOM 快速审评，并上市销售；以 MAH 模式申报的恩替卡韦片已经完成 BE，进入审评中；以 MAH 模式申报的吉非替尼原料药已经完成验证生产。

第三节　资本的视角

"资本"一词，在不同的语境下所指亦不同。

按照马克思主义政治经济学的观点，资本是一种由剩余劳动堆叠形成的社会权力，它在资本主义生产关系中是一个特定的政治经济范畴，体现了资本家对工人的剥削关系。在西方宏观经济学领域，资本泛指一切投入再生产过程的有形资本（自然资源、物质资本等）、无形资本（技术知识、智力成果等）、金融资本和人力资本。社会主义市场经济条件下资本有其特有的形态和行为、地位和作用。

习近平总书记高度重视资本问题，2022 年 4 月 29 日，中共中央政治局就依法规范和引导我国资本健康发展进行第三十八次集体学习，习近平总书记在主持学习时强调，资本是社会主义市场经济的重要生产要素，在社会主义市场经济条件下规范和引导资本发展，既是一个重大经济问题、也是一个重大政治问题，既是一个重大实践问题、也是一个重大理论问题，关系坚持社会主义基本经济制度，关系改革开放基本国策，关系高质量发展和共同富裕，关系国家安全和社会稳定。必须深化对新时代条件下我国各类资本及其作用的认识，规范和引导资本健康发展，发挥其作为重要生产要素的积极作用[1]。

---

[1] 《资本是什么——中央党校专家深层次解读资本的本质和逻辑》，张占斌等，2022 年。

作为重要生产要素,资本是企业经营活动的一项基本要素,也是企业创建、生存和发展的一个必要条件。企业创建需要具备必要的资本条件,企业生存需要保持一定的资本规模,企业发展需要不断地筹集资本。本书里的资本不仅指投入的资金,也指投入资金支持企业发展以期望获取利益或利润的投资机构。

生物医药行业具有高技术壁垒,需要持续的研发投入,对人才的专业要求高,而且科研周期往往很长,科研成果变成真正生产力后才能看到回报。高风险、高投入、回报周期却很长,这些特点决定了生物医药行业需要大量的持续的资金支持,属于资本密集型行业,对资本有黏性需求;相应的,资本对被投企业就有较高的回报率预期。一开始,活跃在我国生物医药市场的资本主要来自美元基金,基本按照在美国生物医药市场的逻辑在中国实践,在创新药、创新医疗科技、医疗器械和诊断等领域展开系统性布局,支持中国的医药创新。随着香港联合交易所第18A章以及科创板第五套上市标准的相继出台,IPO退出渠道的大门进一步敞开,投融资热度高涨,各种民营资本纷纷入局生物医药行业。

2018年国务院发布《关于推进国有资本投资、运营公司改革试点的实施意见》,国资委明确由"管资产"向"管资本"转变,国资委的新身份逐渐趋向于"城市投资人"。各地国资委纷纷加大对生物医药等战略新兴产业投资力度,加快推动产业升级。其中上海国资委下属企业资产总额和盈利总额均是全国第一,通过众多主动型投资控股集团实现国有资本与创新生物医药行业有效对接,依托上海生物医药基金、上海生物医药产业股权投资基金等产业基金,有效助力上海生物医药产业的快速成长并向高端化、智能化、国际化发展。深圳国资委下属企业则高居收入利润率榜首,通过构建深圳市创新投资集团(深创投)等股权投资平台,依托生物医药园区拓展"空间+金融"服务链,已成功培育了众多生物医药明星企业,助推深圳打造生物医药产业"创新高地"。同时,各地大规模政府引导基金井喷。国内生物医药领域政府引导基金下沉到地市级、区县级,充分发挥市场作用拓展资金链,助力地方生物医药园区招引高端人才、实现项目落地，让资本更好地赋能生物医药产业发展，逐步建立完备的产业发展生态系统。

过去十年，中国生物医药行业的参与方，包括资本，大家在一个新兴的市场做一个新兴的行业，快节奏地追赶创新的技术与产品，估值随着研发的里程碑水涨船高。自2021年下半年开始市场下行，二级市场遇冷，生物医药行业整体估值缩水，一级市场的投融资市场也明显降温，甚至出现了一、二级市场估值倒挂的现象。在宏观经济环境影响、临床数据不佳、药品评审中心审批收紧等的综合影响下，一些企业研发管线推进缓慢、IPO进程推迟，出现了融资难的情况，账上现金亮起红灯；其中一些已上市的生物科技公司，市值甚至低于现金和现金等价物。这次调整中，大家冷静下来，有机会去总结过去十年的经验。资本一直是聪明且慎重的，能随着市场调整投资的策略与方向。从市场的投融资资讯上看，从2021年下半年开始，生物医药行业投融资的频次和单笔金额都有下降的趋势。但我们也看到，从2021年第四季度以来，生物医药资本募资热度不减。尽管如此，估值下降、退出受阻/延迟的压力让一些混杂在于繁荣时期的尾部资本交不出合格的成绩单，时不时被传募资困难，逐渐面临生存危机甚至悄然离场。头部的资本凭借独特的优势在寒冬中依旧亮眼。此时，资金充裕的政府背景资本以其本地化优势也备受关注。大浪淘沙，这波震荡会淘汰掉一些相对弱的企业和资本，同时也锤炼一下所谓的好企业与强资本。

写作过程中，我们访谈了多位在不同资本担任重要岗位的投资人，试图了解这波震荡中资本的一些想法与思考。我们姑且用"春种一粒粟，秋收万颗子"来形容资本对收益的追求。但每家资本有自己的理念、愿景和战略，所以对行业、赛道甚至对某个企业的看法以及对未来的前瞻判断可能不尽相同甚至大相径庭。我们的访谈则将话题集中在估值、细分赛道及投资逻辑重塑上，以期从资本的视角来审视一下本次震荡对行业的冲击。

1. 生物医药行业估值的思考

资本在寻找值得投资的标的，企业在寻找值得依赖的资本，两者找到平衡点，就有了投融资交易。投融资是资本的预期与企业的需求相匹配的过程，多少跟生活中的相亲有点类似。投融双方有各自相看的要点，付出什么得到什么，有很多考虑要素，综合评价后得出结果作为决策的依据，双方博弈后达成一致才能促成交易。谈任何交易最终都会落到价格，所以企业估值是投融资交易的前提。资本将注入企业的资金，相应能占有多少权益，背后就是交易标的企业的估值。

适当的估值方法是准确评估企业价值的前提。生物医药因其行业特殊性，在不同细分赛道或不同发展阶段适用的估值方法大不相同。对于收入增长稳定的药企，也包括 CRO/ CDMO 企业，市盈率 PE 估值法经常被采用。而在创新药研发领域，由于高昂的研发费用在短期无法盈利，导致部分传统的估值模型失效。

受访的资本中，有多位投资人提及在创新药领域，尤其是在早期研发阶段，相较于估值模型，其实像产品赛道、管线的广度和深度、技术路线、创始团队等因素是更重要的决策依据，"估值则主要是与创始人谈判与博弈的结果"。

当然，这并非完全忽视估值在这类企业上的重要性。通过财务模型估算的企业价值虽然只是一个维度的衡量，但"市场上最接近的可比产品估值还是会被用作重要的参考依据"。

也有投资人指出，"体系化的大资本或者国资 / 政府背景的资本因为资本自身风控与合规的需求，必须要有一个估值报告或者基于估值模型的详细计算，用以支持决策合理性的依据"。

估值迷局

2021 年下半年以来，二级市场传导到一级市场，生物医药行业的整体估值下行，到 2022 年下半年基本处于过去五年中的最低点，投资回报显著降低。

一系列的连锁反应引发了对生物医药行业估值的思考。

估值下行是因为溢价高了需要去泡沫还是价值被低估？对于这一问题，不同投资人的看法各异。有投资人表示，"新冠疫情暴发以来，生物医药板块持续被关注，全球对医疗健康和生物技术的增长前景乐观，大量资本涌入生物医药行业，推高了相关领域的融资金额导致生物医药企业估值不断创新高。这在一定程度上提前透支了估值涨势，存在一定的泡沫。"

2021年下半年以来生物医药行业一直调整震荡，伴随新冠疫情出现的疫苗、医药、口罩、防护服、医疗等概念，当疫情逐步得到控制之后，逐渐进入冷静。"热闹一段时间后，创新性不足、重复性创新或同质化竞争这些问题逐步凸显，投资价值与估值的差异逐渐也就显现了"，有投资人这样解读后疫情时代出现的新局面。

有投资人专门针对以License-in模式为根基的企业估值模型发表意见，"License-in模式的大多数公司，单个管线中国区权益的平均估值普遍偏高，但其后续对产品的研发推进能力需要试验数据的验证，谈市场化能力更是为时过早"。

对于在港股18A或科创板第五套标准下完成上市大业的公司，有的投资人坦言，"已经上市的未盈利生物科技公司，上市申报时核心产品刚进入或者正在临床Ⅱ期，甚至更早期，公司上市后，产品的临床数据未必达到预期甚至失败，这对估值必然是个沉重的打击"。

至于市场在估值上回调的趋势，有人判断"随着资本市场回归理性，估值必然回调，在不同的细分领域，估值回调的时间和幅度会有差异"。

集采带来的影响

集采对估值的影响有多大？

有人说2018年集采的出现，几乎重塑了生物医药行业原有的估值体系。对于这句评价最直观的解读，莫过于在创新药产品线估值的"金标准"——rNPV（基于风险调整的现金流折现法）模型（见图5-1）——中的体现。

▶ 从收入预测到NPV的具体计算过程示例：

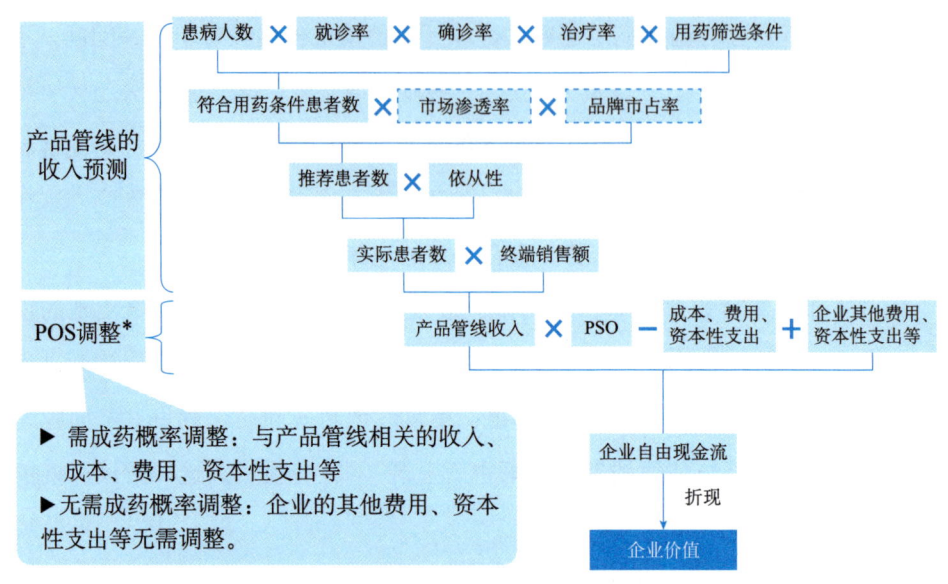

图 5-1　基于风险调整的现金流折现法估值模型

在这一估值模型中，集采对估值最直接的影响是，在预测的实际患者数不变的情况下，终端销售额直接降低，也就说集采后的品种的市场规模直接萎缩，集采降价幅度越大，能用来分抢的市场蛋糕就越小。虽然对于单个企业来讲，若能通过集采进入医保目录赢得的量抵销价格下跌带来的损失，也是一条制胜之道，但若持续集采要求每年降价或集采价格降幅出现极端情况，不管对单个企业乃至整个行业的发展都将带来很大的不确定性，进而导致行业的估值下滑。

上述分析在我们对部分投资人的访谈中也得到了印证。有投资人表示，"集采对医药行业的估值体系具有很大影响，创新药也难以独善其身。一旦创新药进入医保目录被迫大幅降低药品价格，创新药企业的利润被大幅压缩。"当然，也有声音表示出现这一情况并非全部是集采所带来的，"一些国内创新药企业药品上市后出现了商业化能力不足的情况，导致品牌市场占有率低，这也是收入往往无法达到预期的原因。"

再融资博弈

估值下跌，医药行业的融资能力必然下降。已上市的生物医药公司的估值变化体现在股价以及再融资能力上。对于那些尚未上市的生物医药企业，有投资人表示，"当下，头部企业如有里程碑推进，还是存在一定优势，大部分企业在需要新一轮融资注入的时候，要想提高估值还是不容易的"。

对于估值预期，有人坦言"这段时间如果能用上一轮的估值引入新一轮的资本，很多企业还是愿意的"。当然，也并非所有企业愿意迁就市场，因为"仍然不乏一些质地好的企业，如果自身已经能产生稳定现金流，依然比较坚持估值"。对于需要降低估值来推进下一轮融资的企业来说，阻力也许并非来自企业自身，有投资人解释道，"降低估值来融资，企业和创始人未必不愿意，但以比新估值高的价格进来的资本肯定不愿意"。为了平衡新老资本，估值得守住。

"实操中创始人通过比本轮估值低的价格转让一些老股给新加入的资本，降低新引入资本的平均成本，平衡新老股东资本的诉求。"拥有再融资博弈经验的投资人这样告诉我们。

经历周期，估值更加理性，资本在估值谈判上筹码更多，相对话语权更大。对于目前的估值新局面，很多投资人给出了这样的建议："对企业而言，现金流管理越来越重要"，一方面要积极拓展融资渠道，除了股权融资，银行贷款、授信一样重要；另一方面，"要重新评估管线，优先排序重点管线，将精力放在修炼内功、推进核心管线研发上，提高做业务、做产品的标准"。积极寻求"战略替代方案"，"若能通过外部合作或并购将未来的特许权使用费变现，也是增加现金流的重要举措"。

2. 细分赛道的选择

生物医药产业需要集中精力深挖细耕，政策、技术、宏观环境等都是判断细分赛道的重要因素。前两年一些资本喜欢争抢热点，为了追逐市场上的热门靶点、创新技术或细分领域，不管估值是贵了还是便宜了，一门心思往里冲。

对某些细分赛道集中火力"强攻",不可避免地带来项目估值的上涨。

经历周期,精选细分赛道或是下一阶段获取投资超额收益的主要途径。二级市场讲究投资策略,对于周期波动和短时效应更为敏感,一级市场投资更需要坚持恒定的价值规律,选赛道、追逐赛道的边际变化显得更有意义。故这个段落相关的内容主要来自与一级市场资本的访谈。

创新药板块的竞争格局正在优化。近年来,细胞/基因治疗、ADC类药物、小核酸类药物等新的治疗手段和创新药品种展现出良好的数据,一批靶向创新药品从2021年开始已经陆续进入到医保,2022年开始放量,开始真正为创新药企业贡献收入、利润和现金流。

同时,我们也看到越来越多的产品实现了海外销售和海外授权,甚至部分产品在海外已经实现了放量,中国的创新药企业开始真正实现出海。另外,近年来药监系统关于新药临床及审批的管理趋严,这在一定程度上为行业把握了方向,以期改变同一靶点药品研发严重同质化的情况,利于真正具有创新能力的创新药公司,行业竞争格局得以明显改善。"行业千变万化,唯一不变的是创新。"在财政和医保支出双重压力下,国家对于创新的支持趋于细化,未来创新的标准将进一步提高。"伪创新出清,真正具有创新性的产品将有望获得更高溢价。"我国创新药市场逐渐进入"精选优质创新"时期,同质化产品逐渐失去竞争力,新技术、稀缺的技术平台、差异化的治疗领域、创新的给药方式等都可能给企业带来更好的竞争格局,有技术沉淀的公司有望脱颖而出。

肿瘤药

肿瘤严重威胁患者的生命健康。根据世界卫生组织国际癌症研究机构(IARC)在2020年发布的《全球癌症调查报告》,恶性肿瘤已经成为全球第二大死因,中国在新发癌症数和癌症死亡率上居全球第一,2020年新发癌症超过450万人,因癌症死亡人数300万,占全球癌症死亡总人数的30%。不仅于此,每年新发癌症患者人数和死亡人数仍在持续上升。全球新药研发有80%的资源集中在肿瘤方向,整个行业投入了大量资源,在研产品数量多、增速快。"一位长期关注肿瘤赛道的投资人这样描述。

2016—2021年，国内热门靶点也主要集中在肿瘤领域，生物药和化药临床试验适应症都以抗肿瘤为主，涉及新药受理数量位居榜首，占药品的62%。"目前大部分的抗肿瘤在研产品属于靶向疗法，其中细胞和基因疗法等新一代生物疗法数量日渐升高。细胞疗法领域，通用型细胞以及适应症拓展是我们会看的方向。免疫疗法等新型疗法逐渐把恶性肿瘤变成慢性病管理，是肿瘤领域最突出的热点。"上述投资人继续说道。

免疫治疗

自身免疫性疾病患病人口多，且在早期缺乏特异性，因此相对难以诊断。常见的自身免疫性疾病包括重肌症无力、类风湿关节炎、系统性红斑狼疮、自身免疫性肝病、自身免疫性糖尿病等。自身免疫治疗在全球范围内市场规模巨大，有众多未被满足的临床需求。

目前我国自身免疫性疾病药物仍然以小分子药为主。有些疾病长期缺乏有效安全的药物，往往用激素来缓解。长期使用激素副作用很大，会导致心血管疾病、肿瘤、身体变形和骨质疏松等一系列问题，需要有新一代的药物来治疗。自身免疫性疾病生物制剂通过调节免疫平衡，针对自身免疫性疾病的病因，有望给患者带来新型治疗手段，成为自身免疫性疾病领域的热门治疗方法，获得市场关注。

罕见病药物

我国政府相继推出了多项政策，力图逐步解决罕见病群体在诊疗、用药可及和可支付上的难题。为鼓励罕见病药物的引进、研发和生产，国家药品监督管理局出台了一系列政策，加快罕见病药物的注册审评审批，支持罕见病药物研发。药品管理法实施条例修订征求意见提出罕见病新药可享7年市场独占期。在支付端，据2022年11月3日第四届中国罕见病大会的消息，国家对罕见病用药开通单独申报渠道，支持其优先进入医保药品目录。"我们按照未来罕见病医保每年最高可报销30万来预测市场，最高可能达200万。""罕见病药物的竞争力在于成本，需要企业从成本和毛利率倒推过来看适合做什么产品。如果能从罕见病入手，继而拓展到大病种、大适应症，这样的药物或疗法是我们希望追逐的热点。"相关投资人如是说。

"发展策略上，我们更倾向于避开国内大药企，避免与他们在同赛道上竞争。国内的大药企快速跟进做得非常好，而且有很强的临床团队与销售网络，生物科技公司在速度和效率上没法与之竞争。"上述投资人点出了我国生物科技公司在这一领域面临的挑战，但同时强调挑战与机遇并存，"对于真正技术创新的企业，比如用新技术改造老靶点，只要试验数据过硬，做到更高的有效性，估值仍然不低，并且持续融资能力比较强。"

创新药进入集采的节奏加快，罕见病药物更是其中最为引起社会关注的一类药物。对此，有投资人表示，"集采是悬在创新药企业头上的一把剑，我们索性重点布局已经明确进入医保、产品已经明确放量的创新药公司。这类项目的收入和利润已经可以通过产品放量空间进行预测，基于各类数据的预测让投资的确定性相对更高。"

向上游去

当然，也有投资人另辟蹊径。在新冠疫情期间，上游检测试剂的技术和产能一度成为决定防控措施成效的关键。在此背景下，有投资人坦言，"我们已经有段时间不看创新药了，更多关注生物医药行业的上游，包括原料、试剂、仪器设备、耗材等。上游行业整体企业规模小、产品种类多而杂，但又往往需要多学科交叉，行业技术壁垒高，具有'专业化、精细化、特色化'的特征，深度贴合国家'专精特新'的支持方向。加之下游医药行业监管标准高，一般不能轻易更换原料、试剂等，下游客户的黏性较高。"

疫情期间，全球供应链受到极大影响，下游需求端的供给不及时给了国内上游企业发展机遇。上游企业借助国内客户快速增长的需求积累了现金流、验证了技术平台和产品的稳定性，通过人员扩充、产品线扩展、供应链完善等举措在规模上增速较快。

医疗器械

在生物医药处于动荡的事情，部分投资人将目光转向医疗器械。"我最近主要看医疗器械。避开迈瑞等大厂在做的产品，聚焦一些小而精、小而美的器械。"相比药品而言，器械强调先发优势，头部企业更具投资价值。器械的生命周期长于药品，产品需要不断迭代，医生对器械尤其是高值耗材会形成使用习惯。这些需求端的特点带来市场的增长。

2022年10月以来，财政贴息支持医院贷款更新医疗设备的政策落地后，各地贴息贷款快速落地，截至2022年10月11日的公开数据，各省市已落地贴息金额约191.55亿元，有望对医院在医疗器械的采购形成拉动。"又比如2022年10月国家医保局再次回应，创新器械不纳入医保谈判，种植牙服务降价温和等信息为医疗器械创新提供了时间和空间。""相比较创新药企业，医疗器械不会有这么多的IPO，并购会成为重要退出渠道。"有投资人直接指出医疗器械在退出机制上的不同。

"医疗器械CRO属于麻雀虽小、五脏俱全，我们也在关注。"上述投资人提到了医疗器械CRO这一最新关注对象。由于近年来医疗器械行业的快速发展，现有检测资源无法完全满足产业发展需求，部分产品存在等待时间长等问题。2021年新修订的《医疗器械监督管理办法》明确医疗器械注册申请人和备案人可提交自我评估报告，或由具有资质的医疗器械检验机构出具的检验报告进行注册申请，并将第三方全面引入医疗器械注册检验流程，由主管部门对其检验资质进行评估，认可合格的检验机构出具的检验报告。这个变动催生了医疗器械CRO，预计将达到50亿的市场规模。然而给予医疗器械行业的特性，CRO的订单数量很多、单笔订单金额很小，比较难形成规模。"医疗器械CRO是个非常细分的赛道，能跑到IPO的估计屈指可数。"这位投资人这样说。

过去，生物医药资本重点看核心技术，除了对CXO、诊断检测类公司等有稳定收入的公司外，一般不会把财务数据作为关键的考量指标。经历周期，对于项目的判断标准，财务数据尤其是现金流管理开始得到关注。一些特别前沿、特别创新的技术和疗法越来越考验资本的专业度和决策的勇气。"比起高风险和高收益，我们逐渐偏向以更稳健的方式获取最大的收益。"在反思中，我们听到投资人这样的声音。

3. 后"寒冬"时代的投资新逻辑

周期是把漏斗。这轮筛选中，头部资本更加亮眼，现金充裕的国资/政府背景资本在生物医药行业展现了优势。"起起伏伏，市场上的公司一波一波的变化，这是正常的行业筛选。""寒意正在散去，市场正在复苏。"我们听到投资人发出的声音中透露出平和与希望。

不可否认的是，生物医药仍是资本重金押注行业。震荡过后，仿佛又在回归从前，仿佛又发生了很大的变化。"生物医药行业以及投资这个行业的资本，都开始了一个新的周期。"

创业企业明白没有盈利能力的故事已经无法吸引资本，所以更注重扎根行业创新，不仅致力产品与管线的社会价值，更要体现经济价值。资本则在逐渐摒弃追逐行业热点以及推动企业上市快速变现的急功近利做法，转而寻找生命周期长、能在知识产权支持的前提下长时间"合法垄断"的主力产品。这对投资人独具慧眼的实力和前瞻性的预判能力要求更高。"理性"、"谨慎"等关键词越来越多地被资本提起，或许成了资本圈的共识。

投资节奏正常化

在此环境下，投资节奏明显放缓。其实从 2020 年下半年开始，随着疫情得到控制，一级市场的创业投资有过一段回暖，但竞争也更为激烈。毕竟优质的创业企业难得，能拿到明星项目的入场券不易，于是出现多家资本争抢一个项目的现象。资本开始竞争哪家接触更早，签了 term sheet 的比赛哪家先走完风控流程、过完投委会，竞相提前完成投资和交割。场面大有"唯快不破"的投资节奏大比拼之势，以致资本对估值的容忍度提高，投资金额随之加大。这种现象在头部资本中较为明显。

经历周期，资本有时间冷静下来去总结和思考，回到正常节奏，去挖掘真正的好公司。"回调是行业回归正常的时候，有助于整个行业的良性发展。"资本会随着市场调整投资的节奏。从市场的投融资资讯上看，从 2021 年下半年开始，生物医药行业投融资的频次和单笔金额都有下降的趋势。但我们也看到，从 2021 年第四季度以来，生物医药基金募资热度不减。作者访谈的一些企业纷纷表示"近期的融资从启动到交割，所花费的时长明显拉长了"。

救"死"扶"伤"

追投快要"死"的项目在资本的投资序列中优先级提升。资本比以往更谨慎的复核已投项目情况。"一个创新药管线，在美国大致需要花 2 亿美金推到 II 期临床，在中国同等金额大致可以推进到 III 期临床，但是不能是大 III 期（指要求临床病例超过 300 例甚至上千例的大型实验）。国内的创新药企喜欢管线的宽度，即多管线推进项目，一旦有多个产品同时推进临床，现金就会烧得很快。"

关于成本管控，我们看到投资人间采取的不同视角。有人将目光聚焦于薪酬部分，"我们看到一些创业公司，引入团队支付的薪酬的现金部分匹配这些人原先在海外大药企研发核心岗位时的水平，甚至更高。这波市场调整中，我们认为薪酬也应该适当调整。"也有人从固定资产的投资节奏着眼，"创业企业的有些大额现金支出是一种市场的浪费，比如管线研发刚进入 I 期临床就去买地、建中试车间甚至大型生产线，远高于用 CDMO 来推进里程碑所需花费的成本。"

对于已投现有项目，资本要求分析现金流状况与现金支出的构成，排序管线研发推进的优先级。只有在他们即将现金耗尽、濒临生死、亟需补充现金流的时候，在证实过管线的质地、团队的能力以及与双方理念的契合度等综合因素后，资本才会出手追加投资。"用合理的估值追加投资挽救快要'死'的项目是很有必要且稳妥，也是现阶段很多资本优先考虑的选项"。

当然，抱残守缺不可取！这也是为什么近期市场上出现了一批退租退地的创业企业和一些在找工作的创始人。拥抱变化，把一些新的思维用到老项目，挽救老项目于生死边缘并推动它们焕发第二春，这个逻辑已经被多数资本运用在实际操作中。

投"早"投"小"

另一个值得关注的现象是，多重因素导致资本偏好向早期轮次靠拢。前面提到生物医药产业投资高风险、周期长的特点使其对资金的需求大而且持续。虽然市场经过一波调整，整体估值下降，但是中后期的项目毕竟有前面的估值基础在，相比早期项目还是偏贵。由于一、二级市场估值倒挂、医药股破发潮等现象的存在，大量项目IPO推迟，随着临床的推进，现金流在收紧的同时资本又看不到退出的机会与增值空间，更容易把目光转投早期项目。

另外，地方政府的一些政策也引导创投机构投早投小，比如北京、深圳、苏州等生物医药产业发展走得比较前列的城市，纷纷出台促进创业投资持续高质量发展的若干措施，进一步促进创新资本服务高质量发展战略，撬动更多社会资本持续加大对生物医药产业的投资力度。"我们更多地看早期的项目了，投的早期项目也越来越多了。"即便是规模较大、出手阔绰的头部资本也不例外，呈现投早、投小之势。判断更新更早技术的企业，对投资人的产业背景要求更高，比如脑机、VR等需要更复合的背景才能理解底层技术，是芯片、算法、动力学、临床医学、康复医学等学科的交叉。大学及社会对复合型人才的培养也在一定程度赋能了资本向早期轮次靠拢的趋势。

行业并购新思路

此外，行业并购活跃，或成为资本退出的快速通道。正如前面提到，因为估值的原因，生物医药IPO市场活跃度下降。前文一直提到创新药研发同质化现象较严重，尤其是靶向药物同质化现象严重。在医保控费趋严、赛道日益拥挤的背景下，一些细分领域的增长难以持续。在市场调整过程中，部分拥有较好技术的企业，因资金紧缺无法进一步加强研发，因此寻求被并购。而手握资金的大型企业，面对经过市场回调后相对合理的估值，若此时出手收购心仪的技术或企业，可以实现双赢。

通过横向并购，把多、小、散的医药生物企业经过整合，企业能够获得更加透明、规范、高效率的资源，做大做强自身的优势产业或特色产业，提升自身的品牌价值、研发能力、市场规模及核心竞争力形成一定规模，提高经营效率。通过提升赛道集中度，行业从分散走向集中成为趋势。

对于某些细分赛道，要进一步考虑并购是否真正能起到行业整合的优化作用，避免严重缺乏科学的并购计划及不合理的评估手段。"比如 CDMO 行业，整合 biotech 卖出来的冗余罐子和产能组装成一个新的 CDMO 公司，是否能成为通过行业并购而成的品牌参与市场竞争？行业里有两种截然不同的声音。"寒冬下抱团可以取暖，也可能会"一块儿冻死"。并购需要以长远的眼光来考虑，杜绝盲目扩张。

经历生物医药行业投资的蓬勃发展期后，当下的"寒冬"给我们机会进行反思，"我们应该将眼光放远，关注生物医药行业长期增长的本质"。医药刚需、健康消费升级、提高渗透率等这些需求端的本质将在长期演进中化解支付端改革政策带来的影响，成为长期增长的动力。生物医药的前景，不管是从对大众的健康还是对资本的价值来看，未来的空间是非常大的。"投资就是投人，一级市场的投资还是要回归到对创始人和团队的判断。"创始团队能形成的合力是最核心的。经过一批科学家创业的实践，资本对成功要素的理解也更加深刻。在生物医药行业，一个有竞争力的创业团队，不仅要有技术过硬的专家，还要有懂运营能持续融资、擅长经营管理的成员。他们形成共同的企业愿景、三观一致、分工合作、各显神通，才能带着团队往前走。

后 记

2022年对中国乃至全球生物医药产业来讲无疑是艰难的一年。这种艰难从数据上体现地最为直观。

二级市场上，恒生香港上市生物科技指数（HSHKBIO）在2022年内下跌近15%，纳斯达克生物科技指数（NBI）下跌超10%，而国证生物医药指数（399 441.SZ）则在2022年录得28.6%的跌幅。无论生物医药还是生物科技公司，均感受到了资本市场的剧烈震荡。

一级市场上，2022年全球及国内创新药投融资事件数均同比下降了30%左右。在融资金额上，全球2022年创新药投融资总金额为290亿美元，同比下降43%，国内下降幅度更大，达到55%[①]。美国在经历了2021年创新生物医药企业超过140个IPO的历史高点后，2022年断崖式回落，只录得33起创新药企业IPO；国内企业情况稍好，港股18A、科创板、北交所和GDR等多种渠道，帮助20家国内创新药企完成上市融资，但这一数字仍比2021年减少1/3，也只有2020年创新药企IPO数量的一半左右。

2022年全球医药交易数量也呈现出下滑趋势，从2021年的1095起减少到789起，降幅近三成，交易总金额也略有下降，从2021年的1778亿美元下降到1728亿美元。中国作为仅次于美国的全球第二大交易活跃国家，交易数量出现了更大幅度的下滑，从2021年的364起下降到2022年的233起，降幅达36%，虽然交易总金额略有上升，从2021年的316亿美元增长到2022年的

---

① 数据来源：清科私募通

347亿美元，但交易首付款只有19亿美元，远低于上年的31亿美元[①]。

然而，令人揪心的数字背后也透露出一些积极信息：二级市场主要指数在2022年四季度进入震荡上升区间。虽然IPO数据不理想，但美国市场在近三年维持了行业内的并购热度，相较之下，国内创新药企在这一领域存在巨大发展空间。此外，虽然中国生物医药在2022年的交易数量和首付款出现较大幅度下滑，但是完成交易的创新药项目比例却延续了增长势头，生物药项目比例首次超过化药，创新药出海也取得了不俗成绩，ADC药物尤其受到海外市场青睐。

我们同时看到，生物医药行业投融资双方在面对困难环境时积极地做出调整。不少企业重新审视管线宽度和临床进度，提前对多个产品同时推进临床时的现金流进行压力测试，优先推进商业化前景更为明朗、临床路径更为清晰的项目；有的企业对团队薪酬做出了调整，不再坚持对标海外大型药企核心岗位的薪酬水平，而是让薪酬及时反映市场的真实承受力。创业企业也更加注重现金流管理，严格控制某些大额现金支出，仔细评估自建与外包的成本及现金流影响。在估值回归理性、IPO活跃度下降的背景下，企业的多手准备为自己赢得了宝贵的喘息空间。

从投资机构而言，整个行业则在逐渐摒弃追逐行业热点以及推动企业上市快速变现的急功近利做法，转而寻找生命周期长、能在知识产权支持的前提下长时间占据优势市场的主力产品。同时，资本为了避开中后期项目前阶段估值造成的"堰塞湖效应"，积极利用地方政府投早、投小的有利政策，投资更加向早期轮次靠拢。社会对复合型人才的培养也使更多投资人具备了芯片、算法、动力学、临床医学、康复医学等交叉学科的复合背景，更能理解底层技术，在一定程度赋能了资本向早期轮次靠拢的趋势。

更加令人欣慰的，是全行业对源头创新的讨论与反思。从业者普遍承认，企业估值难以为继、IPO进程受阻的根本原因是创新能力不足，集中表现为靶

[①] 数据来源：医药魔方

点扎堆、对我国临床需求定位不清晰。大部分创新药管线只能做到 me-better，甚至 me-too，缺少真正的首创药物和同类最优。究其原因，还是难以摆脱我国长久以来的仿制药传统，或者从更广义的角度说，是受制于长期主导我国产业发展模式的"三段式"方针：引进国外先进技术→实现国产化→达到自主开发。带着这种根深蒂固的认识，企业在寻求创新时，很容易会不自觉地相信只有发达国家已经验证的、已经做出来的东西才是最先进的，那研发的起点可能就是国际上的热门靶点、新的分子结构等，去做本地化改造，去国产化，进而背离了源头创新。

那么，创新的源头在哪里。其实，药物或治疗方案的根本目的是解决患者的临床需求，这也理所应当是药物研发的起点，创新的源头。中国国家药监局药审中心 2021 年发布的《以临床价值为导向的抗肿瘤药物临床研发指导原则》已经明确，药物研发要加强致病机制研究，要解决药物作用的精准性，要关注患者治疗需求的动态变化，等等，而不是把眼光局限在什么靶点最热门，最容易讲故事，切勿舍本求末。这个原则不仅适用于抗肿瘤药物，所有的药物研发都值得借鉴。

行业参与各方的积极应对和对源头创新的反省，给了我们谨慎乐观的理由。归根结底源于生物医药行业为社会所提供的价值。在经历周期性调整后，这一价值基础在政策环境、监管机制、技术创新、人才培养和国际合作等方面不断改良的积极背景下将被越发夯实。

我们编写本书的过程，经历了初看一片悲观、各种指标堪忧的乌云密布，再到随后行业参与者积极应对带来的柳暗花明，进而拨云见日、发现更广阔天地就在不远处的心路历程。在这一过程中我们得到了复旦大学化学系、江南大学科学与健康工程学院、浙江大学医学院等高等学府和研究机构专家、教授的悉心指导，也得到了北京佰金生物科技有限公司、上海泽充生物技术有限公司等企业界同仁的大力支持，在此深表感谢！另外，中国出版集团研究出版社的各位专家及老师为本书的出版提供了很多宝贵的建议及无私的帮助，再次表示感谢！